PSICOLOGIA BASICA

Editor General
Peter Herriot

CRECIMIENTO Y CAMBIO

PSICOLOGIA

BASICA

CRECIMIENTO Y CAMBIO

Harry McGurk

COMPAÑIA EDITORIAL CONTINENTAL, S. A.,
MEXICO

DISTRIBUIDORES:

ESPAÑA–ARGENTINA–CHILE–VENEZUELA
COLOMBIA

Bolivia — Brasil — Costa Rica — Dominicana — Ecuador — El Salvador
Estados Unidos — Guatemala — Honduras — Nicaragua — Panamá
Paraguay — Perú — Portugal — Puerto Rico — Uruguay

Título original en inglés:
GROWING AND CHANGING

Traducido por:
Dr. ROBERTO CARRASCO RUIZ

Edición autorizada por:
METHUEN & CO. LTD.

Copyright © 1975 Harry McGurk

ISBN *(hardback)* 0 416 82820 5
ISBN *(paperback)* 0 416 8283 0

Primera edición en español:
noviembre de 1978

ISBN-968-26-0041-3

Derechos Reservados © en Lengua Española–1978, Primera Publicación
COMPAÑIA EDITORIAL CONTINENTAL, S. A.
CALZ. DE TLALPAN NÚM. 4620, MÉXICO 22, D. F.

MIEMBRO DE LA CAMARA NACIONAL DE LA INDUSTRIA EDITORIAL
Registro Núm. 43

DISTRIBUIDORES PRINCIPALES EN:

AV. REP. ARGENTINA NÚM. 168, BARCELONA 23, ESPAÑA
AV. CANNING NÚMS. 96, 98 Y 100, ESQ. PADILLA 1414,
BUENOS AIRES, ARGENTINA
AMUNÁTEGUI NÚM. 458, SANTIAGO DE CHILE, CHILE
CRUZ VERDE A VELÁZQUEZ, NÚM. 71, CARACAS, VENEZUELA
CALLE DEL CHORRO DE EGIPTO (ONCE) NÚM. 2-56,
BOGOTÁ, COLOMBIA

IMPRESO EN MEXICO   PRINTED IN MEXICO

Indice de Materias

Introducción del Editor

En este libro, Harry McGurk discute los principales aspectos a los que se enfrentan los psicólogos del desarrollo. ¿Debemos concebir al niño como la víctima pasiva, ya sea de su medio externo o de su maduración interna? ¿O podemos estar de acuerdo con Piaget en el sentido de que el niño se adapta constantemente a su ambiente y adapta el ambiente a sí mismo? Estas suposiciones llevan implicaciones para la metodología de la investigación; ¿manipulamos la conducta como respuesta a un estímulo experimental u observamos al niño actuando sobre su ambiente? Finalmente, Harry McGurk examina la controversia naturaleza-crianza, y muestra cómo las diferentes posiciones en este debate han conducido a diversos tipos de esfuerzo educativo.

Este libro forma parte de la Unidad C de **Psicología Fundamental**. Lo que unifica los títulos en esta unidad es el concepto de desarrollo. Es un concepto muy rico, que abarca las nociones de proceso y cambio, y la interacción de un ser humano con su ambiente durante toda su vida. El individuo tiene que mantener cierto tipo de equilibrio entre las demandas del ambiente y su propia forma de construir la realidad. Tiene que adaptarse a las realidades de la cultura en particular en la cual vive; pero, al mismo tiempo, puede ser capaz de cambiar hasta cierto grado su ambiente. En esta forma, puede mantenerse el equilibrio sin comprometer su propio sistema conceptual. El concepto de desarrollo resulta, por lo tanto, ideal para manejar el crecimiento y el cambio en la sociedad. Podemos utilizar la frase "desarrollo personal" para hablar tanto acerca de niños como de adultos; esto puede ayudarnos a considerar a unos y otros como personas. El lector encontrará otros marcos conceptuales en otras unidades. No son tan mutuamente contradictorios como esfuerzos para ajustarse a las complejidades del contenido de la psicología. El enfrentarnos con diversos sistemas explicativos disminuye nuestra confianza en la psicología como una ciencia madura; pero quizá sea mejor ser honestos acerca de lo que ignoramos.

La **Psicología Fundamental** como un todo intenta reflejar la cambiante estructura y la función de la psicología. Los autores son tanto académicos como profesionales, y su propósito ha sido introducir los conceptos más importantes en sus respectivas áreas para los estudiantes que se inician en el estudio de la psicología. Han intentado hacerlo en forma clara, pero no han querido soslayar el hecho de que los conceptos que ahora ocupan un lugar central en su trabajo pronto pueden resultar periféricos. En otras palabras, han presentado la psicología como un conjunto en desarrollo de puntos de vista humanos y no como una verdad establecida e inmutable. No intentamos que los lectores estudien la serie íntegra a fin de "dominar los aspectos básicos". Más bien, dado que distintas personas pueden querer utilizar distintos marcos teóricos de referencia para sus propios propósitos, la serie ha sido diseñada de modo que cada título sea independiente. Pero, es posible que el lector que no haya estudiado nunca antes psicología disfrute más los libros individuales si previamente lee las introducciones (A1, B1, etc.) a las unidades a las cuales pertenecen. Los lectores de las unidades relacionadas con las aplicaciones de la psicología (E, F) pueden beneficiarse con el estudio de todas las introducciones.

Una palabra explicativa acerca de las referencias que se hacen en el texto al trabajo de otros autores —por ejemplo, "Smith, 1974"—. Esto ocurre cuando el autor cree que debe reconocer un importante concepto o alguna evidencia crucial dando el nombre del autor. El libro o artículo al cual se hace referencia estará incluido en las referencias (las cuales se duplican en el Indice de autores) en la parte final del libro. Invitamos al lector para que consulte estas fuentes si desea profundizar en ciertos tópicos.

Confiamos en que usted disfrute de la psicología.

Peter Herriot

1
Introducción

La esperanza de vida de los hombres y mujeres en la sociedad
moderna no está muy lejos de la asignación bíblica de tres vein-
tenas de años más diez. Durante estos setenta años, más o menos, se producen enormes cambios en el aspecto y la conducta del
individuo, en su capacidad para pensar y razonar, y en su habilidad para relacionarse con los demás. Algunos de estos cambios
son de origen físico, otros tienen una base psicológica. El proceso de crecimiento y cambio se inicia en el momento de la concepción cuando se unen óvulo y espermatozoide para dar comienzo a un nuevo ser. Resulta menos preciso el momento en que
el proceso termina. Hay la opinión de que la muerte es el único
acontecimiento que pone fin al cambio. Sin embargo, en forma
tradicional se considera que el desarrollo humano es de naturaleza curvilínea, un proceso que comprende rápidos periodos de
desarrollo durante el embarazo, infancia, niñez y adolescencia,
una meseta de consolidación y relativa estabilidad durante la
edad adulta, y un periodo final de declinación durante la senes-
cencia.

El hombre se ha sentido siempre intrigado acerca de las
fuerzas subyacentes al desarrollo individual, particularmente el
desarrollo psicológico. Desde los tiempos más remotos se ha es-
peculado acerca del proceso mediante el cual el evidentemente
indefenso, desventurado recién nacido que es del todo dependiente
de otros para su atención y bienestar, se convierte en un adulto
relativamente competente e independiente desde cerca de los
veinte años en adelante. También ha habido siempre mucha especulación respecto a los orígenes de las diferencias individuales en
personalidad y habilidades que hacen que cada persona sea única
y distinta de sus semejantes.

Antecedentes históricos

Inicialmente, la especulación acerca del desarrollo humano fue del dominio de los filósofos. Platón (427-347 A.C.) sostenía que las diferencias individuales tenían una base genética. En su **República** (380 a. de J.C.) propugnaba por una sociedad ideal que comprendiera tres clases. En el nivel inferior estaban los productores, artesanos y mercaderes —todos aquellos relacionados con la vida económica diaria de la sociedad—. En seguida, venían los llamados auxiliares. En esta clase entrarían los militares, policía y servidores civiles cuya tarea sería administrar y mantener la estructura de la sociedad y protegerla de los peligros externos. Finalmente, venía la clase de los Mandatarios o Reyes Filósofos, cuya función era gobernar con sabiduría basada en su excepcional perspicacia y conocimiento de la naturaleza esencial del hombre y de su mundo.

Platón creía que esta aristocracia de talento podría lograrse mediante la crianza y la educación. En su opinión, el potencial del individuo era determinado por la herencia y en la mente de éste existía la simiente de todo futuro conocimiento desde el momento de nacer. Por lo tanto, la labor del estado era identificar las predisposiciones de cada individuo lo más pronto posible y después proporcionarle la experiencia educacional adecuada, de modo que el individuo pudiera desempeñar eficazmente el papel que se le asignara en la sociedad como miembro de una de las tres clases. Para conseguir su ideal, Platón aconsejaba un programa de eugenesia que comprendía la abolición de la familia y el establecimiento de clínicas y guarderías del estado, en las cuales los niños procreados selectivamente serían criados y educados.

Debe hacerse notar que Platón tenía muy poca evidencia directa que ofrecer en apoyo de sus especulaciones sobre la determinación genética del desarrollo. Sin embargo, resulta claro que su punto de vista se orientaba en el sentido de que el niño era, en esencia, un adulto en miniatura. Creía que los componentes de toda destreza, conocimiento o habilidad que fuera a manifestarse durante la vida estaban ya presentes al nacer. El papel de la educación era poner de manifiesto y hacer fructificar la potencialidad presente en el individuo desde un principio. Pero nada nuevo podía ser agregado por la educación. Esta teoría del desarrollo, elaborada por primera vez en la antigüedad, tiene muchos simpatizadores contemporáneos y volveremos a encontrarnos con ella más adelante en este libro.

El concepto del niño como un adulto en miniatura, cuantitativamente pero no cualitativamente distinto de los adultos, ha sido recurrente a través de la historia. Es un punto de vista que se manifiesta de diversas maneras y una de ellas puede encontrarse en la distorsión de las proporciones corporales de los niños, que es evidente en muchas pinturas medievales. Por ejemplo, al nacer, la cabeza de la criatura constituye más o menos una cuarta parte de la longitud total del cuerpo; sin embargo, en el adulto la relación en tamaño de la cabeza con el cuerpo es de aproximadamente uno a siete. En el arte medieval, los niños, desde la infancia en adelante, casi siempre aparecen pintados con las proporciones corporales de los adultos. Es poco factible que este fenómeno pueda atribuirse a una falta de habilidad o de técnica por parte de los artistas. Es más probable que, en tales casos, el pintor estaba expresando no lo que **veía** de los niños sino lo que **entendía** de ellos.

En este aspecto, el pintor medieval se estaba comportando como un niño contemporáneo o, en realidad, como un niño de cualquier época (Di Leo, 1970). En **sus** dibujos los niños pequeños también representan lo que saben y entienden, en vez de lo que ven. Por ejemplo, si en presencia de un niño de cinco o seis años se traspasa una manzana con una aguja de tejer y se coloca el conjunto ante él con la punta de la aguja apuntándole,

y después se le pide al niño que dibuje lo que ve, éste puede o no fijarse en el modelo; en cualquier caso, su dibujo probablemente sea algo similar a esto:

En otras palabras, el niño sabe que la aguja pasa a través de la manzana y esto es lo que dibuja, ¡aun cuando el proceso requiere hacer girar mentalmente la manzana 90 grados y suponerla transparente por añadidura! El dibujo resultante expresa su conocimiento. Del mismo modo, el artista medieval expresó en sus pinturas de niños las creencias y conocimientos de su época en relación con la naturaleza de la infancia. Y la creencia era que los niños eran simplemente adultos en miniatura. El desarrollo se consideraba sólo como "crecimiento" y era visto como un proceso aditivo, cuantitativo.

La creencia de que los niños eran sólo cuantitativa y no cualitativamente diferentes de los adultos llevaba consigo varias implicaciones importantes. Significaba, por ejemplo, que los procesos que constituían pensamiento y acción en la niñez eran considerados iguales a los del adulto. De acuerdo con ello, si la expresión de los pensamientos de un niño contenía lo que serían errores con base en las normas para los adultos, el niño era considerado como un estúpido y tratado de acuerdo a ello. De manera similar, las infracciones de la infancia a las reglas y moral de la sociedad eran interpretadas como actos de perversidad que requerían castigo para su control. La ética judeocristiana sobre la necesidad de expulsar de los niños el pecado y la maldad encontró fácil aceptación dentro de tal clima.

El filósofo británico del siglo XVII, John Locke (1632-1704), compartía la creencia de que los niños eran adultos incompletos. Sin embargo, para Locke, la contribución de la naturaleza para el desarrollo terminaba al nacer; a partir de ese momento, la experiencia constituía el único factor determinante del desarrollo. En un famoso símil, Locke consideraba a la mente de un niño recién nacido como una **tabla rasa**, una pizarra en blanco sobre la cual dejaría su huella la experiencia futura. Rechazaba en forma total el concepto de conocimiento innato. El conocimiento, creía él, sólo podía derivarse de la experiencia sensorial. Las ideas elementales se originaban directamente a partir de ésta. Las ideas complejas se estructuraban sobre la base de asociaciones entre ideas más sencillas. Por lo tanto, el desarrollo era modelado por la experiencia. Locke expuso su teoría del desarrollo en este pasaje en el que atribuye un papel único y formativo a las experiencias de la primera infancia:

Las pequeñas y casi imperceptibles impresiones de nuestra tierna infancia tienen consecuencias muy importantes y perdurables: así como en los nacimientos de algunos ríos, la suave colocación de la mano desvía las flexibles aguas que forman canales, haciéndolas tomar cursos bastante distintos, y mediante este pequeño cambio de dirección que se les da al principio desde el mismo lugar donde brotan, reciben diferentes tendencias y llegan finalmente a sitios muy remotos y distantes. (Kessen, 1965:60.)

La imagen creada por Locke sobre la casi infinita maleabilidad del niño pequeño y de la influencia determinante de la experiencia temprana, continúa logrando apoyo a través de las épocas.

Locke fue bastante específico al recalcar el paralelismo entre los procesos subyacentes en la conducta del niño y del adulto. En el trabajo previamente citado también declara:

bueno y malo, recompensa y castigo son los únicos motivos para una criatura racional; éstos son el acicate y las riendas mediante los cuales toda la humanidad es puesta a trabajar, y guiada, y por lo tanto, también se les debe emplear con los niños. Por consiguiente, aconsejo a sus padres y educadores siempre tener en mente **que los niños deben ser tratados como criaturas racionales**. (Kessen, 1965:61.)

Así, aunque Locke rehuía las teorías de las ideas innatas, de la maldad inherente y de la determinación genética del desarrollo, suscribía la noción de que los niños eran sólo cuantitativamente distintos de los adultos.

Uno de los primeros pensadores que sugirieron que los niños eran cualitativamente diferentes de los adultos fue el filósofo francés Jean Jacques Rousseau (1712-1778). Rousseau rechazó en forma total el punto de vista de que el niño comenzaba a vivir como un ser pasivo e informe, cuyo desarrollo era determinado por los accidentes de la experiencia. También rechazó la noción de que el niño era en algún sentido incompleto o que su búsqueda vacilante hacia el conocimiento seguía las sendas dictadas por el raciocinio del adulto. En vez de ello, Rousseau argumentaba que el niño, desde el momento del nacimiento, era un ser activo, experimentador y explorador que, en lugar de recibir el conocimiento en una forma ya depurada, construía su propio conocimiento al interactuar con el mundo en sus propios términos. Si se le dejaba proseguir en forma natural, creía Rousseau, el desarrollo se llevaba a cabo en una sucesión ordenada de etapas. En cada etapa de desarrollo el individuo estaba completo e integrado. En **Emile**, Rousseau sostenía que la tarea de los padres y educadores era crear las condiciones mediante las cuales el curso del desarrollo dictado por la naturaleza pudiera desplegarse en forma espontánea, sin trabas debidas a la intervención de los adultos. Desechó la noción por lo común aceptada de que la niñez era simplemente una época de preparación para la vida adulta y argumentaba que la intervención de padres y maestros que estuvieran motivados por tal punto de vista sólo podría servir para estropear y distorsionar la secuencia natural de desarrollo que emerge cuando se deja al niño atenerse a sus propios recursos. En un punto Rousseau describe al niño como un "noble salvaje", dotado por la naturaleza con el conocimiento de lo bueno y lo malo, pero frustrado por las limitaciones que se le imponen en el proceso de socialización.

Por lo tanto, el concepto de desarrollo en Rousseau era bastante diferente al de Locke. Al igual que éste, aquél daba gran importancia a la experiencia empírica, pero, a diferencia de él, no consideraba al niño como un recipiente vacío dentro del cual se vertía el conocimiento inventado por los adultos. El niño descrito por Rousseau desempeñaba un papel mucho más activo y creativo en su propio desarrollo. Los escritos de Rousseau han tenido una profunda influencia sobre la filosofía de la educación. Educadores tan prominentes como Pestalozzi, Montessori y Dewey reconocen su deuda hacia él y el énfasis contemporáneo en el descubrimiento, en contraposición a los métodos didácticos de enseñanza en la educación primaria se debe directamente a su influencia. La influencia de Rousseau puede apreciarse también en la psicología contemporánea del desarrollo, en particular, en los escritos de Jean Piaget, el eminente psicólogo suizo. El trabajo de Piaget será considerado más adelante en este libro y también se le trata en detalle en otros volúmenes de esta serie (véanse C2 y C5).

La influencia de Darwin y el establecimiento de la psicología científica

Los conceptos de la infancia y de la naturaleza del desarrollo psicológico presentados por Platón, Locke y Rousseau fueron esencialmente especulativos. No se presentó en su apoyo ninguna evidencia basada en la observación de los niños, y ni siquiera se pensó que fuera necesaria. En realidad, no fue sino hasta el siglo XIX cuando se inició seriamente la observación directa del desarrollo del niño. La publicación de las obras de Darwin, **Origin of Species** (1859) y **Descent of Man** (1871) ayudó mucho a incrementar el interés en el curso natural del desarrollo del niño. Estimuladas por la noción de la evolución de las especies y de la conducta, las personas llegaron subsecuentemente a considerar al niño como una rica fuente de información potencial acerca de la naturaleza del hombre. En consecuencia, durante la segunda mitad del siglo XIX, varios eminentes científicos publicaron "biografías de bebé" con base en sus observaciones sobre el desarrollo del niño individual. Taine (1877) hizo un informe sobre la adquisición del lenguaje en un niño y en ese mismo año Darwin publicó una narración en forma de diario sobre el desarrollo de su propio hijo. En 1888, Wilhelm Preyer, un fisiólogo alemán, describió el desarrollo de su hijo durante los tres primeros años de su vida en un libro titulado **The Mind of the Child**. Entre otras personas que contribuyeron con biografías de bebés estuvo Bronson Alcott, padre de Louisa M. Alcott, famosa autora de **Little Women** (véase McCluskey, 1940).

Al enfocar la atención sobre el valor de la observación directa de los niños, los biógrafos de bebés hicieron una oportuna e importante contribución al estudio del desarrollo humano. Sin embargo, su trabajo también ha sufrido diversas limitaciones serias. En primer lugar, los sujetos de los registros en forma de diario eran hijos e hijas de personas eminentes y no hay ninguna base para suponer que la conducta manifestada por tales niños fuera típica o representativa de los niños en general. En segundo lugar, varios biógrafos tenían la tendencia a ir más allá de la evidencia representada por la conducta observable y hacían inferencias infundadas acerca de los deseos, intenciones y sentimientos de los pequeños. Por ejemplo, al describir el desarrollo de ira en su hijo, Darwin escribió:

A los once meses de edad, si se le daba un juguete equivocado, lo golpeaba y aventaba; supongo que el golpearlo era un signo instintivo de ira, como el chasquido de las fauces de un pequeño cocodrilo inmediatamente después de salir del huevo, y no porque imaginara que podía romper el juguete. (1877)

Esta antropomorfización de la experiencia subjetiva e inaccesible de los niños estropeaba la objetividad de las biografías de bebés. Además, gran parte de la observación sobre la cual se basaban las biografías era selectiva, irregular y no sistemática, ya que el observador sólo registraba aquella conducta que lo impresionaba en determinado momento. Finalmente, el hecho de que en muchos casos el biógrafo era el orgulloso padre del niño en estudio, de manera indudable contribuía más a su parcialidad.

Por razones como éstas, se ha tendido a descartar a los diarios biográficos como fuentes confiables de datos válidos sobre el desarrollo humano. Pero ninguna de las críticas señaladas son necesariamente inherentes al método del diario y hay bastantes psicólogos en la actualidad que aceptan que los registros en diarios son una fuente legítima y potencialmente informativa de datos sobre el desarrollo. Además, como lo han demostrado Dennis y Dennis (1935), hay considerables puntos de concordancia entre las narraciones presentadas por los primeros autores de diarios, por lo menos en lo que respecta al desarrollo de la conducta motora y, tomadas en conjunto, las biografías sobre bebés proporcionaron una fuente de datos normativos y al mismo tiempo constituyeron narraciones del desarrollo individual.

Otro acontecimiento del siglo xix de profunda importancia fue el nacimiento de la psicología como disciplina científica independiente. Se considera que Wilhelm Wundt (1832-1920) fue el primero en establecer un laboratorio psicológico, en Leipzig, en 1879. Wundt estaba interesado en la estructura del intelecto y consideró que la tarea de la psicología comprendía el análisis de la mente a partir de sus elementos, el descubrimiento de la forma en la cual éstos están conectados y la explicación de las leyes de la asociación entre ellos. Para poder llevar a cabo su programa analítico, Wundt se apoyaba en el método de la introspección. Bajo las condiciones controladas de su laboratorio, presentaba a sus sujetos un estímulo simple —como el ruido regular de un metrónomo—. Se les pedía a los sujetos que se concentraran totalmente en la serie de sonidos y al final del periodo de estimulación el sujeto tenía que hacer una detallada narración verbal de su experiencia subjetiva del estímulo. Con base en experimentos como éste, Wundt creyó que podía identificar tres dimensiones distintas de la conciencia humana: placer-displacer; tensión-relajación; excitación-calma. Además, sostenía que cualquier sentimiento consciente, del cual el hombre era capaz, podía ser localizado dentro del espacio limitado por estas tres dimensiones.

Las influencias gemelas de Darwin y Wundt se conjugaron en la persona de G. Stanley Hall (1864-1924). Hall, un norteamericano, había estudiado con Wundt en Leipzig. Además, compartía el punto de vista de Darwin de que mucho era lo que podía aprenderse acerca de la naturaleza del hombre mediante la cuidadosa observación de los lactantes y niños pequeños. Bajo la influencia de la teoría de la evolución de Darwin, Hall adoptó una teoría de recapitulación del desarrollo, aduciendo que el desarrollo del individuo refleja el desarrollo de las especies a través de las diversas etapas de su evolución. Hall amplió el concepto de recapitulación para incluir tanto el desarrollo cultural como el biológico. Creía que en sus actividades de juego el niño estaba simplemente recreando la evolución cultural del hombre y que el cambio en la naturaleza del juego que acompaña al incremento en la edad reflejaba las diferentes etapas del desarrollo cultural del hombre. Equipado por su adiestramiento en Leipzig y motivado por sus ideas sobre la recapitulación, Hall y sus estudiantes de la Universidad Clark en Massachusetts llevaron a cabo una serie de investigaciones sobre el juego de los niños y sobre el "contenido de la mente de los niños". Hall desarrolló y definió el método de cuestionario y mediante éste recogió datos sobre el desarrollo en gran número de niños, adolescentes, padres y maestros. Aunque la teoría de la recapitulación de Hall recibió poco apoyo empírico y ha sido abandonada desde hace tiempo, su trabajo anunció una era de observación sistemática y en gran escala de los procesos del desarrollo. Sus métodos representaron un marcado adelanto sobre los enfoques filosóficos y biográficos que ya hemos discutido y se le considera con justicia como el fundador de la psicología en los Estados Unidos.

La iniciación de la moderna psicología del desarrollo

El estudio sistemático del desarrollo del niño floreció durante la primera mitad de este siglo. Gran parte del esfuerzo inicial se encaminó hacia la investigación detallada y descriptiva. Se reunieron datos normativos en gran escala, para determinar la secuencia del desarrollo físico y motor —cuándo se sienta por primera vez la criatura sin ayuda, cuándo camina por primera vez, cuándo son tomados por primera vez pequeños objetos con el pulgar y el índice en oposición, en contraste con la prensión palmar de la primera infancia.— Se volvió de actualidad publicar esquemas de comportamiento describiendo cuándo debían alcanzarse determinadas etapas típicas del desarrollo e ilustrando la conducta motora típica de los niños a diferentes edades y etapas de desarrollo (véase, por ejemplo. Shirley, 1933; Gesell y **Amatru-**da, 1941). Durante las décadas de 1920 y 1930, se establecieron tanto en Europa como en Estados Unidos diversos centros de estudio infantil.

La cuidadosa y detallada descripción del fenómeno que se investiga representa una fase esencial en el desarrollo de cualquier disciplina científica. Sin embargo, la ciencia tiene otras metas que la mera descripción. La explicación del fenómeno descrito es un objetivo importante; lo mismo que la elaboración de un conjunto coherente de principios teóricos que servirá no sólo para proporcionar una detallada explicación de las observaciones ya efectuadas, sino también para conducir a otras en el futuro. El razonamiento teórico no desempeñó un papel importante en la psicología del desarrollo durante las dos primeras décadas de este siglo. La situación se modificó un tanto durante la década de 1930, cuando J. B. Watson introdujo su forma extrema de conductismo en la psicología infantil. Watson intentó emplear los principios del condicionamiento clásico (véase A3), para explicar el desarrollo de la conducta. En una serie de experimentos demostró cómo podía condicionarse el temor a estímulos inocuos en niños pequeños y aseveró que los principios de condicionamiento y aprendizaje podían intervenir en todo el desarrollo psicológico. El trabajo de Watson estimuló a los simpatizadores de posiciones opuestas a desarrollar y elaborar otras alternativas teóricas para el desarrollo.

Para esta época, el impacto de Sigmund Freud comenzó a tener un efecto sobre la psicología del desarrollo. Freud había sido invitado por G. S. Hall a dar una serie de conferencias en los Estados Unidos en 1909. Durante esta visita, Freud elaboró algunos aspectos de su teoría del psicoanálisis (véase D3) y, en particular, recalcó su punto de vista de que las experiencias durante la lactancia y la primera infancia tenían una influencia determinante sobre el desarrollo de la personalidad y comportamiento del adulto. Sus puntos de vista encontraron gran resistencia por parte de los psicólogos del desarrollo en esa época y no fue sino hasta la década de 1930 que se aplicó un serio esfuerzo a la investigación del aspecto del desarrollo en su teoría.

A pesar de la influencia de Watson, Freud y otros autores, se continuó poniendo mayor énfasis durante los últimos años de la década de 1930 en los estudios discriptivos en la investigación del desarrollo. Por lo tanto, quizá de manera inevitable, decayó el interés en la psicología del desarrollo. Como señala Stevenson (1968), la tentación de describir la conducta de los niños no pudo mantener el interés de los investigadores en presencia de los retos existentes en otras áreas de la ciencia de la psicología en rápida expansión. En consecuencia, disminuyó el número de personas interesadas en la psicología del desarrollo, lo mismo que el número de publicaciones relacionadas con tópicos del desarrollo que se redujeron a la mitad entre 1938 y 1949.

Sin embargo, la declinación sólo fue temporal. Durante la década de 1950, la psicología del desarrollo entró en un nuevo periodo de crecimiento y expansión que ha continuado en ascenso hasta nuestros días. Diversos factores han contribuido a la revitalización de este campo. En primer lugar, ocurrió lo que Wohlwill (1973) llamó la "invasión de los experimentalistas" dentro de la psicología del desarrollo. No hay duda de que la investigación sobre el desarrollo se encuentra ahora mucho más experimentalmente orientada que hasta antes de 1950. Las técnicas de medición y control que han resultado efectivas en el campo de la psicología experimental general (véase A1) han sido introducidas y aplicadas al estudio de tópicos del desarrollo. Además, ha habido un cambio en el enfoque de los estudios del desarrollo conductual general a la investigación experimental de problemas específicos asociados con el desarrollo de procesos tales como la percepción, atención, resolución de problemas y otros similares. Este cambio de énfasis ha servido para ubicar a la psicología del desarrollo más estrechamente dentro del dominio de la psicología en general. Los primeros centros de estudio infantil habían quedado, en ocasiones, aislados de la corriente principal del pensamiento psicológico.

Un segundo gran factor responsable del resurgimiento del interés en la psicología del desarrollo fue el descubrimiento o más bien el redescubrimiento del trabajo de Jean Piaget (véase C2). Piaget ha estado continuamente activo en el estudio del desarrollo cognoscitivo en los niños durante medio siglo. Biólogo por adiestramiento, Piaget rechazó la posición extrema de los conductistas en el sentido de que el desarrollo estaba totalmente bajo el control de influencias ambientales. Rechazó asimismo la posición opuesta, en el sentido de que el desarrollo individual estaba del todo determinado por el despliegue de estructuras innatas, determinadas genéticamente. Para Piaget, el desarrollo ocurre como resultado de un constante proceso de interacción entre la estructura del organismo por una parte y las demandas del ambiente por la otra.

Piaget estaba impresionado por la frecuencia con la cual los niños pequeños dan respuestas equivocadas a las preguntas diarias acerca de la naturaleza del mundo físico (P. "¿Por qué se mueven las nubes?" R. "Se mueven porque están vivas". P. "¿Qué es lo que hace que por la noche se oscurezca?" R. "Es porque nos vamos a dormir"). En vez de atribuir tales respuestas a ignorancia o error, Piaget las consideraba evidencia de que el niño estructura su propio punto de vista de la realidad. Dado que el niño llegaba espontáneamente a nociones acerca del mundo que eran erróneas desde el punto de vista de los adultos, se deducía que el desarrollo del conocimiento no era un simple proceso de aprendizaje. En vez de ello, tenía que considerarse como un proceso de desechar o transformar un conjunto de ideas en favor de otro más adecuado. El ímpetu para el cambio se pone de manifiesto siempre que se presenta una discrepancia entre el conocimiento o las ideas actuales del individuo, por una parte, y las demandas del ambiente, por la otra (por ejemplo, el descubrir que no está oscuro cuando uno se va a dormir por la tarde). Piaget recalcó la función adaptativa de la conducta en el mantenimiento de un equilibrio entre el individuo y el ambiente.

Piaget condujo una extensa serie de investigaciones del desarrollo cognoscitivo desde la infancia a la adolescencia y sobre su base elaboró una teoría general del desarrollo cognoscitivo. Sin embargo, su trabajo se publicó en un francés complejo y difícil. Por lo tanto, aunque había estado activo desde la década de 1920, no fue sino hasta mediados de la de 1950, cuando se tuvo su trabajo realmente disponible en una traducción al inglés, que sus ideas ejercieron un profundo impacto sobre los psicólogos del desarrollo de Inglaterra y los Estados Unidos. Sin embargo, a partir de entonces su influencia ha dominado la psicología del desarrollo. Gran parte del esfuerzo inicial se empleó en reproducir los diversos datos reportados por Piaget, ya que en su proceso de conocimiento había empleado los antiguos métodos de observación y entrevista clínica. Por lo tanto, fue necesario establecer si se podían confirmar sus resultados en condiciones controladas y si sus datos podían verificarse mediante riguroso análisis estadístico. Desde mediados de la década de 1950 se ha desarrollado toda una literatura de investigación en torno a las confirmaciones del trabajo de Piaget. Aun en la actualidad, la investigación orientada hacia Piaget constituye uno de los aspectos más amplios en los resúmenes anuales de la investigación sobre psicología del desarrollo. En general, se ha logrado confirmar las observaciones originales de Piaget en forma bastante consistente. No obstante, continúa habiendo controversia sobre la interpretación de los hechos, y es factible que los puntos de vista teóricos de Piaget continúen siendo el foco de investigación y debate durante mucho tiempo (Cf. Bryant, 1974).

Un tercer factor que contribuye a la revitalización de la psicología del desarrollo ha sido un renovado interés en los verdaderos orígenes de la conducta. Especialmente durante los últimos años, ha habido un marcado incremento en el número de estudios de investigación que tienen como sujetos a criaturas muy pequeñas. En parte, esto se ha debido a un aumento en la sensibilidad y sofisticación de los dispositivos y técnicas de registro disponibles para el investigador sobre el desarrollo. Por ejemplo, parte del equipo electrónico y fotográfico que en la actualidad se emplea en el estudio del desarrollo perceptual del lactante simplemente no se encontraba disponible para su uso por las generaciones previas de investigadores. Además, se ha visto una mayor preocupación por determinar en forma precisa el repertorio de habilidades y respuestas de que dispone el niño desde el nacimiento. ¿Qué tan funcional es el aparato visual o auditivo de la criatura al nacer y de qué tipo de discriminación perceptual es capaz? ¿Puede el repertorio conductual del recién nacido, a pesar de su limitación, ser modificado por los procedimientos de condicionamiento y refuerzo? Estos son los tipos de preguntas hacia las cuales se ha dirigido gran parte de la investigación reciente y actual, con el propósito de trazar el desarrollo desde su punto de origen y de identificar las variables que influyen en él.

Aunque la mayoría de la investigación actual sobre el periodo de la infancia se ha orientado experimentalmente, hay muchas pruebas de un retorno a las técnicas de observación, en particular, entre aquellos interesados con el estudio del desarrollo social durante la infancia. Sin embargo, las técnicas de observación ahora empleadas son mucho más refinadas que las utilizadas en los estudios descriptivos efectuados en épocas anteriores. Se han desarrollado técnicas modernas sobre la base del vasto cuerpo de estudio observacional de la conducta animal llevado a cabo por los etólogos. Uno de los más interesantes adelantos en la investigación del desarrollo ha sido el grado hasta el cual los psicólogos y los etólogos, como R. A. Hinde de Cambridge y N. G. Blurton Jones de Londres, han unido sus fuerzas para el estudio del desarrollo de la conducta humana (véase Smith, 1974).

El estudio del desarrollo humano ha avanzado mucho desde que Platón especuló por vez primera sobre los orígenes de las diferencias individuales. Ha salido de la poltrona de la especulación filosófica hacia la arena de la investigación empírica. La psicología del desarrollo contemporánea es un punto de crecimiento dentro de la ciencia general de la psicología, con más de media docena de revistas dedicadas en forma exclusiva a la publicación de investigación sobre el desarrollo. Aunque el interés fundamental es el desarrollo de la persona como un todo, resulta casi inevitable que a medida que el campo en sí se ha ido desarrollando, su enfoque se ha vuelto molecular más que molar. En consecuencia, se ha diversificado en varias áreas más o menos bien delimitadas tales como el desarrollo perceptual, cognoscitivo, social, afectivo y de la personalidad, y el desarrollo del lenguaje, cada uno con su propio conjunto de problemas y técnicas de investigación. Sin embargo, se carece todavía de integración teórica, no sólo a través de este campo como un todo, sino también dentro de cada una de estas diferentes subáreas. No obstante, se están estableciendo gradualmente los fundamentos sobre los cuales se construirán después las explicaciones teóricas.

2
El Concepto del Desarrollo

La psicología del desarrollo es una rama de la ciencia general de la psicología. Se puede definir la psicología como el estudio sistemático de los procesos conductuales. Por lo tanto, como punto de partida, se puede definir a la psicología del desarrollo como el estudio sistemático del **desarrollo** de los procesos conductuales. No obstante, de inmediato se hace necesaria cierta restricción de la generalidad de tal definición. Gran parte de la psicología general está relacionada con la conducta animal, así como la conducta del hombre. Por lo tanto, hay cuando menos dos formas de considerar el desarrollo conductual. Una es apreciar el desarrollo evolutivo de la conducta de una especie a otra a medida que se recorre el reino animal; esto constituiría el estudio **filogenético** del desarrollo conductual. Por otra parte, el desarrollo conductual puede estudiarse dentro del individuo a través de su vida; esto representa el estudio **ontogénico** del desarrollo conductual. Esto último constituye el dominio de la psicología del desarrollo. Por supuesto, podría haber una psicología del desarrollo por separado para cada especie conocida, pero la psicología del desarrollo ha llegado a considerarse como el estudio de la ontogénesis conductual en los humanos. Esto no quiere decir que los procesos del desarrollo en otras especies sean totalmente ignorados. Varios psicólogos se han dedicado al estudio del desarrollo **comparativo;** esto implica la comparación y el contraste del desarrollo ontogénico en distintas especies. Tal estudio ha llevado con frecuencia a la comprensión de ciertos procesos del desarrollo humano. Sin embargo, la psicología del desarrollo se considera más bien como el estudio sistemático del desarrollo conductual en los humanos a través de la ontogenia; su objetivo es comprender los procesos subyacentes en aquellos cambios de la

conducta y de las habilidades que se asocian con el incremento
de la edad.

Por lo tanto, la labor del psicólogo del desarrollo es especificar la naturaleza de los procesos psicológicos subyacentes en los
cambios de conducta y de las habilidades, que se asocian con el
incremento de la edad. Esta labor, en efecto, es doble: primero,
identificar y describir los fenómenos del desarrollo —cambios
de la conducta relacionados con la edad— y, segundo, proporcionar una explicación para los fenómenos identificados. La edad
en sí nunca puede considerarse como un concepto explicativo. La
edad no **causa** los cambios de conducta. Por lo general, los niños
de cuatro años tienen mayor vocabulario y son capaces de expresiones más complejas que los niños de dos años, pero la
explicación para ello no reside en el hecho de que los primeros tienen dos años más. La edad cronológica es simplemente una forma conveniente de medir el tiempo en el cual ocurren otros procesos, pero el paso del tiempo en sí mismo no explica los cambios
de conducta. Es por esta razón que, con frecuencia, se hace referencia a la edad como variable **portadora** o **índice,** una variable
dentro de la cual pueden localizarse los procesos psicológicos.
Estos procesos —de la experiencia, de la maduración, fisiológi-
cos— varían con el aumento de la edad simplemente porque re-
quieren de un tiempo en el cual ocurrir. Al final, se buscan explicaciones en términos de las variables que moderan el carácter
de los cambios conductuales cuya presentación se observa al
aumentar la edad.

El papel que desempeña la teoría

La investigación científica es una actividad sistemática que
implica un proceso cuádruple de observación, hipótesis, prueba y
evaluación. Es decir, uno observa primero la presentación de un
fenómeno en particular. Sobre la base de tal observación y su descripción, junto con cualquier conocimiento previo de que pudiera
disponerse en relación al fenómeno, se llega a una hipótesis acerca de por qué ocurre. La siguiente etapa es comprobar la validez
de la hipótesis y, con frecuencia, esto se hace por medio de la
experimentación. Si los resultados experimentales apoyan la hipótesis, entonces se acepta como válida, cuando menos por el momento. Por otra parte, si la hipótesis no logra confirmación ex-

perimental, es rechazada, pudiendo elaborarse otra hipótesis alterna la cual se somete posteriormente a prueba. Esto es lo que se entiende por valuación. Cuando una serie de hipótesis interrelacionadas, todas derivadas del mismo conjunto de principios generales, reciben una validación empírica consistente, se ha establecido una teoría.

Tomemos un ejemplo del campo del aprendizaje infantil. En una prueba en la cual se tiene que encontrar un objeto (recompensa) escondido bajo el mayor de tres cubos, los niños de tres o cuatro años pueden aprender a lograr un grado uniforme de éxito. Sin embargo, si después de dominar una tarea de este tipo se les presentan a los mismos niños tres nuevos cubos de modo que el más pequeño sea de igual tamaño que el mayor en la prueba inicial, entonces los niños parecen tener dificultad para transferir su aprendizaje a la nueva situación. Lo más probable es que ahora escojan el cubo más pequeño (que ahora no tiene recompensa). Por lo tanto, se hace evidente que en la primera situación respondieron al tamaño absoluto del cubo con recompensa en vez de a la relación de tamaño entre los tres cubos; por lo tanto, continúan respondiendo al tamaño absoluto de la segunda prueba y escogen el cubo que tenía anteriormente la recompensa. Por otra parte, los niños de mayor edad parecen responder al tamaño relativo y, por lo tanto, escogen el cubo más grande en la tarea inicial de adiestramiento y en la subsecuente labor de prueba (Keunne, 1946). ¿Por qué?

Una hipótesis para explicar tales fenómenos ha sido que resulta factible que el niño mayor utilice el lenguaje para mediar su conducta. Es como si estuviera recordándose durante la serie de adiestramiento "Es el más grande", y por lo tanto, llega a responder de acuerdo con ello, independientemente del tamaño absoluto de los cubos. Careciendo de este uso espontáneo del lenguaje, el niño preescolar responde sobre la base de otras claves y escoge siempre el tamaño absoluto que se asociaba con recompensa en el pasado. Como cualquier buena hipótesis, esta explicación de la **mediación verbal** acarrea una predicción que puede someterse a prueba. De ello se desprende que si al niño preescolar, que después de todo dispone de un lenguaje, se le puede enseñar a usar palabras para mediar su conducta en la forma en que los niños mayores lo hacen de manera espontánea, entonces también podría responder a una base de relaciones en vez de en forma absoluta. Se han llevado a cabo los experimentos necesarios y, en general, tienden a apoyar la hipótesis. En realidad, un número suficiente de hipótesis interrelacionadas ha recibido apoyo experimental en esta área como para hacer que emerja una teoría mediadora sobre el aprendizaje en los niños (por ejemplo, Kendler, 1965; véase también Bryant, 1974 para una crítica de los experimentos tradicionales de transposición).

La función de una teoría es organizar e integrar el conocimiento existente dentro de determinada área de interés y proporcionar una explicación para los hechos observados en dicha área. Además, una buena teoría actúa como guía para posterior investigación y, en consecuencia, conduce al descubrimiento de nueva información. Las teorías sirven para reflejar la realidad. No son descripciones de la realidad. En vez de ello, son representaciones que ayudan a que uno comprenda la realidad. Por ejemplo, la teoría mediadora, aplicada al citado ejemplo del aprendizaje por transposición, no implica que los niños en edad escolar siempre programen verbalmente sus respuestas, ya sea en forma abierta o encubierta. Pero ayuda a comprender su conducta si sus procesos de pensamiento son representados por un proceso de mediación verbal en la manera descrita; tal hipótesis conduce a predicciones acerca de cómo actuarían los niños en otras situaciones de aprendizaje. En consecuencia, las teorías no son verdaderas o falsas. Es mejor considerarlas como formas más o menos útiles de representar la realidad.

Hay varios criterios que pueden ser aplicados en la evaluación de una teoría. El **alcance** de una teoría guarda relación con el campo de fenómenos empíricos que abarca. El área de aplicación de las teorías puede ser extensa o restringida. Si otros factores se conservan iguales, una teoría global o extensa es más útil que una restringida. De acuerdo con la ley de la parsimonia, se preferirá una sola teoría que explique un gran número de acontecimientos en vez de un número mayor de teorías, cada una de las cuales abarque sólo una parte de dichos acontecimientos. Las teorías también pueden ser evaluadas por su **comprobabilidad** o **refutabilidad**. Mientras menos suposiciones imposibles de ser comprobadas contenga una teoría, es más factible que sea útil. La **fecundidad** es otro importante aspecto de una teoría y se refiere a su capacidad para generar nueva investigación que conduzca a nuevo conocimiento.

De lo que hemos dicho resulta evidente que el planteamiento inicial describiendo la investigación científica como un proceso

secuencial que comprende observación, hipótesis, prueba y evaluación, todo lo cual lleva al fin al desarrollo de la teoría, fue una
especie de simplificación exagerada. Hay, en realidad, una constante interacción entre teoría, observación y experimento. El
tipo de teoría a la cual uno se adhiere influye tanto en las observaciones que se hacen como en el método para comprobar cualquier hipótesis generada sobre la base de la observación o derivada de la teoría. Además, cualquier suposición, implícita o
explícita, en relación con la naturaleza del fenómeno que se va a
explicar, influirá inevitablemente sobre el tipo de teoría que se
prefiera. Por lo tanto, es importante, en el estudio del desarrollo
humano, tener en cuenta suposiciones alternas acerca de la naturaleza del desarrollo en sí, ya que las diferencias entre los distintos conceptos de éste tienen profundas implicaciones para el tipo
de teoría que es adecuado para explicar los procesos de desarrollo.

Alternativas en los conceptos de desarrollo

Hasta cierto grado, el concepto de desarrollo dictado por el
sentido común es evaluativo. Implica no sólo cambio en el tiempo
sino también un cambio que tiene una dirección; el desarrollo con
frecuencia implica adelanto o mejoría sobre algún estado previo
más primitivo.

Por lo tanto, se presenta la cuestión de hasta qué grado el
desarrollo del niño debe ser conceptualizado como **adelanto**. ¿Es
el desarrollo direccional en el sentido de que el individuo se esté
aproximando continuamente un poco más a cierta meta ideal?
El sentido común sugiere que el individuo pasa a través de etapas sucesivas de infancia, niñez y adolescencia hasta la vida
adulta y en el proceso atraviesa niveles de funcionamiento cada
vez más maduros. Se considera que en los puntos más avanzados
del proceso de crecimiento la conducta es más madura que en los
puntos previos y se supone que la edad adulta representa el nivel
más maduro de todos. La madurez de la edad adulta es considerada entonces como la meta ideal del desarrollo, el objetivo del
proceso del desarrollo.

La interpretación del desarrollo dictada por el sentido común
tiene un alto grado de validez aparente. Ha sido formalizada en
las teorizaciones de muchos eminentes psicólogos. Sigmund Freud
presentó este concepto; estaba principalmente interesado en el
desarrollo de la personalidad y conceptualizó el ideal de éste co-

mo el surgimiento de una personalidad adulta madura, libre de infundada ansiedad y caracterizada por la capacidad de establecer relaciones significativas y afectuosas con los demás. La teora psicoanalítica de Freud es al mismo tiempo dinámica y pasiva. Es dinámica en el sentido de que su concepto básico es el de la energía biológica instintiva —enraizada en última instancia en la excitación corporal— y de que dentro de la estructura de la personalidad del individuo siempre hay una constante lucha para controlar la expresión de dicha energía. Es pasiva en el sentido de que la personalidad fundamental de cada individuo se considera que es moldeada por sus experiencias a manos de otros en las etapas críticas del desarrollo.

La teoría freudiana del desarrollo

Freud postuló tres grandes estructuras de la personalidad, el **id**, el **ego** y el **superego**. En el individuo en desarrollo, estas estructuras emergen en la secuencia indicada. El recién nacido es todo **id**, un receptáculo de energía biológica instintiva, primitiva, relacionada con los impulsos. Los impulsos básicos instintivos, de los cuales el más importante es el **libidinoso**, o sea, el impulso sexual, son simultáneamente la fuente de todo pensamiento, sentimiento y comportamiento. Una vez activado por un impulso, el objetivo inmediato del organismo es descargar energía, reduciéndose así la excitación y recuperándose un estado de tranquilidad. A este proceso de descarga de energía, mediante el cual ésta es empleada en comportamiento, pensamiento, sentimientos, objetos y personas, se les llama **catexis**. La **catexis** reduce de inmediato la excitación impulsiva y agrega energía a los objetos. Los objetos o personas que son regularmente "catequizados", que son asociados en forma regular con reducción de impulsos, tienen una gran cantidad de energía invertida en ellos y se vuelven emocionalmente importantes para el organismo.

Una vez activado, el id demanda su inmediata gratificación. La frustración no puede tolerarse y da como resultado una descarga explosiva de energía, a través de la ira, sin tener en cuenta las demandas de la realidad. Sin embargo, a medida que la criatura crece, en particular, a medida que aprende a discriminar entre sí mismo y el mundo exterior, se desarrolla la segunda estructura de la personalidad, el ego. El ego es el aspecto ejecutivo de la personalidad y sirve de mediador entre las demandas instintivas del id y los requerimientos de la realidad. El ego funciona para poner las descargas de energía bajo control; abarca los aspectos conscientes de la personalidad incluyendo las pericias y habilidades del individuo, sus temores y esperanzas. El id es totalmente inconsciente, el ego es parcialmente consciente y parcialmente no. Sin embargo, no hay disparidad entre las metas del ego y del id; ambos están orientados hacia la satisfacción de impulsos. No obstante, en su función ejecutiva el ego puede inhibir algunas formas de expresión de un impulso instintivo, porque tal expresión puede no conducir a la satisfación máxima del impulso.

La tercera estructura de la personalidad, el superego, emerge durante el periodo de los cuatro a los seis años de edad. Si el ego representa la rama ejecutiva de la personalidad, el superego constituye una combinación de legislatura y poder judicial. Traducido aproximadamente como conciencia, el superego es el ejecutor interno de sanciones y prohibiciones, tanto reales como imaginarias que son impuestas sobre la expresión directa de las necesidades e impulsos instintivos por la cultura en la cual se educa el individuo. El superego no siempre refleja de manera adecuada las normas de la sociedad. En realidad, durante las etapas iniciales de su desarrollo, las prohibiciones y restricciones a la expresión de los impulsos básicos, en particular, a la expresión de la sexualidad, son registradas en una forma mucho más dura y rígida a como han sido manifestadas, digamos, por los padres. Incluso en la edad adulta, el superego es esencialmente conservador. Es tanto el conservador de la moral como el árbitro final entre lo correcto y lo incorrecto. La culpa y la ansiedad son la consecuencia inevitable de cualquier transgresión a sus normas.

En la madurez, la personalidad del individuo depende del resultado de la interacción dinámica de las fuerzas entre el id, el ego y el superego. Entre el id y el superego hay un conflicto de propósitos; el id demanda una expresión sin trabas, el superego puede requerir se impida en forma absoluta la descarga de energía. La función del ego es llegar a un acuerdo entre los impulsos primitivos del id y las correspondientes restricciones del superego primitivo, así como entre ambos y las restricciones del mundo exterior. El ajuste depende de las fuerzas relativas del ego y superego. Esto, a su vez, depende de las experiencias que tenga el niño en las etapas sucesivas de desarrollo a través de las cuales, según Freud, pasa el niño en su camino hacia la madurez.

Freud describió el desarrollo en términos de las zonas del cuerpo que están asociadas primordialmente con el placer libidinoso en etapas sucesivas. Durante el primer año, aproximadamente, las actividades que se centran alrededor de la boca y de la cavidad oral son las más fuertemente "catequizadas"; por lo tanto, se le llama **etapa oral.** Durante el segundo año, la fuente de placer y excitación se desplaza de la región oral a la región anal y el niño muestra mucho interés en la estimulación y en la actividad que rodea a la defecación y a la evacuación. Después de esta **etapa anal,** el niño, alrededor de los cuatro años de edad, entra a la **etapa fálica.** Ahora, la fuente de placer libidinoso se enfoca primordialmente sobre la región genital. Es durante esta etapa fálica que se establece el **conflicto de Edipo.** En esta etapa las fantasías del niño asumen un tono más abiertamente sexual e incluyen deseos de intimidad sexual directa con el progenitor del sexo opuesto. Sin embargo, la conciencia de tal deseo es provocadora de ansiedad, ya que su expresión propiciaría la cólera del progenitor del mismo sexo. El niño llega a temer al castigo como consecuencia de sus deseos ilícitos. El varoncito teme a la castración a manos del padre; la niñita (creyendo ella misma estar ya castrada) teme una mayor mutilación a manos de la madre. En ambos sexos, el conflicto de Edipo (o de Electra), se resuelve mediante la identificación con el progenitor del mismo sexo. Esto se establece como un acto de apaciguamiento hacia un agresor potencial y elimina la amenaza del desquite. Al mismo tiempo, se cree que el niño reprime los deseos incestuosos que indujeron en primer término el conflicto. Con la resolución del conflicto de Edipo (o de Electra), nace el superego, pues la identificación con el progenitor del mismo sexo implica la incorporación de las normas y prohibiciones de los padres, así como la aceptación de las normas de la sociedad reflejadas en ellas.

Después de la turbulencia y los disturbios de la etapa fálica, el niño entra a la calma y tranquilidad relativa del **periodo de latencia** que dura hasta la adolescencia. Durante el periodo de latencia no se presentan nuevos problemas respecto a la sexualidad y no hay modificaciones básicas en la estructura de la personalidad. Es, sin embargo, un periodo de gran desarrollo del ego, especialmente en lo que respecta a habilidades intelectuales y sociales. No obstante, con la iniciación de la adolescencia hay un reavivamiento de la sexualidad a medida que el individuo entra a la etapa final del desarrollo psicosexual, la **etapa genital.** En la etapa

genital, todos los aspectos previos de la sexualidad, aquellos asociados con la estimulación y las actividades que se centran alrededor de determinadas regiones del cuerpo, se integran como un
conjunto coherente de sentimientos y actitudes sexuales.

El resultado del trayecto con éxito a través de las diversas
etapas del desarrollo psicosexual será una personalidad adulta
madura en la cual un fuerte ego asegura la gratificación adecuada y realista de los impulsos básicos del id, bajo la supervisión benigna de un superego moderado. Esto es lo ideal, pero
pueden presentarse otros resultados. Aquí se hace evidente el
punto de vista de Freud sobre la naturaleza esencialmente pasiva
del niño, ya que en su opinión el resultado del desarrollo de cada
individuo estaba determinado en forma total por las vicisitudes
de la experiencia durante cada una de las etapas psicosexuales.

Freud consideraba que cada etapa de desarrollo presentaba
un conjunto específico de problemas y potencialidades con respecto al desarrollo posterior. Por ejemplo, durante la etapa oral,
la criatura es totalmente dependiente de los demás para la satisfacción de sus impulsos básicos. Si las experiencias en esta etapa
de dependencia son satisfactorias, se establecen los fundamentos
para la confianza básica y el optimismo sobre las futuras relaciones. En contraste, si no se satisfacen debidamente los impulsos básicos durante la etapa oral, se siembran las semillas para
un futuro pesimismo. Freud desarrolló el concepto de **fijación**
para comunicar la idea de que la energía biológica, que de otro
modo se encontraría disponible para funcionar a un nivel más
maduro, queda atrapada en un nivel menos maduro. Puede ocurrir fijación en cualquier etapa particular de desarrollo tanto
si se frustran los impulsos básicos, como si se les gratifica en
exceso; ambas posiciones extremas inducen renuencia a seguir
adelante. La fijación a diferentes etapas tiene distintas implicaciones para la personalidad posterior. La fijación en la etapa
oral puede dar lugar a infundado optimismo más adelante en la
vida, o puede expresarse durante la etapa adulta como glotonería o alcoholismo. La fijación en la etapa anal, consecuencia
quizá de un conflicto madre-hijo sobre el adiestramiento para
la defecación, se dice que conduce a mezquindad, obstinación y
obsesividad durante la vida adulta.

El niño es más vulnerable a un manejo equivocado durante
la etapa fálica con su acompañante conflicto edípico. La propia
culpa y ansiedad de los padres acerca de la sexualidad puede

conducir a un tratamiento falto de sensibilidad y de simpatía durante esta etapa y dar como resultado una resolución inadecuada del conflicto de Edipo. El psicoanalista cree que tras de la mayoría de los trastornos neuróticos experimentados en la edad adulta hay una fijación en la etapa fálica.

Por lo tanto, Freud representaba el desarrollo en términos de la presentación de las diferentes fuerzas, id, ego y superego, alineadas una junto a otra y luchando por el control de la personalidad. Pero, en la batalla, el niño en sí tiene poco que desempeñar. Durante el proceso de desarrollo, el niño es la víctima pasiva de las circunstancias, su destino depende del tratamiento que recibe de los demás. El desarrollo se constituye en forma secuencial y progresiva, pero Freud no tenía esperanzas acerca de las posibilidades del individuo de que llegara a la madurez sin haber sido templado por su experiencia previa.

Concepto de Piaget sobre el desarrollo

Jean Piaget (véase C2) también concebía el desarrollo como direccional. Consideraba el ideal del desarrollo como la adquisición de las estructuras psicológicas necesarias para razonar en forma abstracta y para pensar lógicamente acerca de situaciones reales e hipotéticas. En otras palabras, buscaba explicar la ontogénesis de las condiciones necesarias para el conocimiento y la comprensión.

De manera similar a Freud, Piaget ha enraizado su teoría del desarrollo firmemente dentro de una trama biológica. Cualquier organismo viviente tiene organización y estructura. Para poder sobrevivir, el organismo debe tener la capacidad para **adaptar** su estructura a las demandas del ambiente. En el curso de la adaptación se modifican las estructuras existentes y pueden emerger nuevas estructuras. Piaget aplicó estos principios biológicos al estudio del desarrollo de la inteligencia. La conducta inteligente es un aspecto del funcionamiento adaptativo de todo el organismo biológico. La conducta subyacente es una estructura psicológica que responde a las demandas del ambiente. Piaget considera que la labor del psicólogo es delinear la naturaleza cambiante de esta estructura durante el proceso de desarrollo.

Para Piaget, la estructura del intelecto está construida en términos de **esquemas** y **operaciones.** Un esquema es la representación interna de alguna acción específica. Por lo tanto, el recién nacido está dotado de varios esquemas innatos, el esquema de la succión, el esquema de asir, el esquema de observar, etc. Durante el curso del desarrollo, estos esquemas innatos se integran entre sí y se elaboran y diferencian los esquemas básicos. El esquema es la estructura fundamental del conocimiento, sobre cuya base se desarrollan estructuras posteriores.

Una operación es una estructura mental de orden superior. Las operaciones no se encuentran presentes al nacer y, por lo general, no se adquieren sino hasta la mitad del periodo de la niñez. Una operación es una regla interna de conocimiento que tiene la característica distintiva de ser reversible, o sea, que puede tomar una dirección inversa y negar así su propia actividad. Las reglas de la aritmética constituyen operaciones; por ejemplo, la adición es reversible por la sustracción y la división es reversible por la multiplicación. El pensamiento operacional es la esencia de la actividad intelectual. Según Piaget, el niño carece de este tipo de pensamiento y es por ello que no logra reconocer la invariabilidad de determinado volumen de agua cuando es vaciada, digamos, de un recipiente alto y delgado a otro corto y ancho. El niño cree que el volumen ha cambiado debido a que su distribución espacial cambió. No parece darse cuenta de que la operación implicada es reversible. La teoría de Piaget está dedicada a explicar el desarrollo del pensamiento operacional.

La **adaptación** es un concepto clave en la teoría de Piaget. Hay dos aspectos de la adaptación biológica; uno es la aplicación de las estructuras existentes a nuevas funciones y el otro es el desarrollo de nuevas estructuras para satisfacer antiguas funciones bajo distintas condiciones. Piaget ha incorporado ambos aspectos en su teoría del desarrollo y ha dado a cada uno de ellos un término específico. **Asimilación** es el nombre dado al proceso mediante el cual el organismo no aplica las estructuras presentes, sin modificación, a nuevos aspectos del ambiente; es un proceso de incorporación del ambiente orientado hacia el organismo. La **acomodación**, por otra parte, es un proceso de exteriorización mediante el cual el organismo modifica las estructuras existentes para hacer frente a las demandas del ambiente. La actividad de acomodarse a nuevas situaciones conduce a la diferenciación de las estructuras existentes y a la formación de nuevas estructuras.

Estos conceptos pueden aplicarse con facilidad a ejemplos conductuales y psicológicos. El esquema de asir, por ejemplo, funciona desde inmediatamente después del nacimiento y los dedos del recién nacido se cerrarán alrededor de cualquier objeto que se le coloque en la mano. La pequeña criatura ejercitará después su esquema de asimiento en forma importante, pero al hacerlo intentará **asimilar** todos los objetos a su prensión palmar (una forma primitiva de prensión en la que todos los dedos hacen un movimiento en conjunto y mediante la cual los objetos son sostenidos apretándolos entre los dedos y la palma de la mano). La prensión palmar es muy ineficaz cuando se trata de sostener pequeños objetos, como muchos niños de seis meses han descubierto para su desconcierto. La prensión del lactante tendrá que **acomodarse** a los objetos pequeños y la gradual adquisición de la oposición del pulgar puede considerarse como un proceso acomodativo. La modificación del esquema de prensión inducido por la acomodación (siendo inducida la acomodación en sí por los infructuosos intentos repetidos para asir) con el tiempo genera la capacidad para asir pequeños objetos.

Este ejemplo sirve para ilustrar la interrelación de la asimilación y la acomodación. En realidad, estos procesos son sólo conceptualmente distintos. La asimilación y la acomodación son evidentes durante toda la vida y a cualquier nivel de funcionamiento intelectual y conductual. Es a causa de esta constancia de funcionamiento, a pesar de la naturaleza cambiante de la estructura intelectual por lo que Piaget se refirió a la asimilación y a la acomodación como las **invariantes funcionales.** Las estructuras toman forma y se modifican a través de la operación de las invariantes funcionales.

Piaget describió cuatro amplias etapas sucesivas de desarrollo intelectual. La primera de ellas, el periodo **sensoriomotor,** dura desde el nacimiento hasta los dos años. Cada una de las etapas de desarrollo de Piaget está delineada en términos del principal método de conocimiento del niño que durante el periodo sensorio-motor es únicamente a través de la actividad; sólo conoce al mundo a través de su actividad sobre él. Por ejemplo, no es sino hasta alrededor de los ocho meses de edad que el niño logra algún concepto de la existencia permanente de los objetos. Hasta entonces, la criatura se comporta como si los objetos existieran sólo cuando se encuentran disponibles para que pueda actuar sobre ellos. De otra manera, fuera de la vista significa fuera de la mente y el pequeño no intentará buscar un objeto que sale fuera de su vista. A través de un proceso constante de acción e interacción, asimilación y acomodación, el niño adquiere el concepto total del objeto, el conocimiento de que los objetos tienen una existencia permanente en el tiempo y el espacio, aun cuando estén fuera del campo de la percepción y la acción inmediatas. La adquisición del concepto del objeto, junto con la del lenguaje, marcan el final del periodo sensoriomotor. Por medio de estas adquisiciones, el niño se libera de la relativa dependencia en el aquí y el ahora; pueden representarse acontecimientos en el pasado y anticipar el futuro. Ha recorrido un gran trecho desde que de manera simple sólo era capaz de ejercitar sus esquemas básicos suministrados biológicamente, pero aún le falta mucho antes de lograr inteligencia operativa (véase Piaget, 1952; 1968).

La segunda de las etapas de Piaget, el **periodo preoperativo**, dura desde el tercero hasta el octavo años. Esta etapa marca un prolongado periodo de transición antes de que emerja el pensamiento operativo. Es un periodo durante el cual se desarrolla y se diferencia gradualmente la representación cognoscitiva interna que tiene el niño del mundo externo, pero todavía son evidentes muchas serias limitaciones. Durante este periodo, el pensamiento del niño parece estar dominado por la percepción más que por los conceptos. Esto se hace evidente por su incapacidad para conservar la invariabilidad de la materia a través del cambio perceptual; por ejemplo, el niño preoperativo parece centrarse sobre el cambio en altura o anchura de un volumen de agua cuando éste es vaciado de un recipiente a otro y considera que la cantidad ha cambiado de acuerdo con ello. La incapacidad para conservar la invariabilidad se hace evidente a través de diversas situaciones. Por ejemplo, si se alinean dos hileras de fichas en una correspondencia de una a una, un niño de cinco o seis años estará de acuerdo en que hay el mismo número en cada hilera. Sin embargo, si las fichas de una hilera se separan más o se colocan juntas, el niño pensará ahora que hay más fichas en una u otra hilera.

Otra característica del pensamiento preoperativo del niño es su egocentrismo. El niño está influido no sólo por la percepción **per se**, sino también por la calidad específica de **su propio** punto de vista. Por ejemplo, una niña pequeña puede decirnos que tiene una hermana, ¡pero negará que su hermana tenga una hermana! No se da cuenta de la reciprocidad de la relación porque no puede escapar a su egocentrismo y verse a sí misma como una hermana. En otro contexto, el egocentrismo se hace manifiesto en la incapacidad del niño de cinco años para seleccionar de entre una serie de fotografías de un paisaje la que corresponda a una mejor vista desde un punto diferente al propio. No parece ser capaz de imaginar cómo sería el paisaje desde otros puntos de observación (Laurendau y Pinard, 1970).

El periodo de **operaciones concretas**, la tercera de las etapas de Piaget, comienza hacia los siete u ocho años de edad y dura hasta cerca de los once años. Su característica es la adquisición de operaciones verdaderamente reversibles. En este punto del desarrollo, por ejemplo, el niño comienza a apreciar el concepto de invariabilidad, porque se da cuenta de que las transformaciones (de forma, distribución espacial, etc.), implicadas en los llamados problemas de conservación son reversibles. La reversibilidad puede ser a nivel de la acción misma —puede volver a vaciarse el agua en el recipiente original para demostrar la identidad—. La invariabilidad también puede captarse apreciando la relación de compensación entre la altura y lo ancho, que es en sí una operación reversible (el aumento en la altura puede ser compensado por una disminución en lo ancho y **vicerversa**).

Otra característica del periodo de operaciones concretas es el incremento en la capacidad del niño para manejar conceptos como formación de series. Imaginemos que a un pequeño se le ha encomendado construir una escalera con una dotación de bloques de diversos tamaños y que se le ha mostrado un modelo de cómo debe quedar terminado el objeto. Esto constituye formalmente un problema de formación de serie, ya que tienen que colocarse los bloques en orden de tamaño creciente. Ahora bien, un niño de cinco años, en el periodo preoperativo, es capaz de tener éxito en esta tarea, pero resulta evidente que procede mediante ensayo y error. Por ejemplo, puede comenzar con los bloques A, D y F, colocar F después de A y D después de F, antes de llegar a la serie A, D, F. Después tiene que encontrar un sitio para B, C y E, y esto lo logra sobre una base similar de ensayo y error. El niño parece enfrentarse a la tarea del mismo modo a como armaría un rompecabezas, encontrando el lugar de cada bloque en la serie determinando empíricamente si ajusta o no, en vez de actuar de acuerdo con una regla. Según Piaget, la razón para ello es que el niño pequeño no puede apreciar que un elemento, digamos B, puede tener simultáneamente la relación "más pequeño que" con respecto a A, y "más grande que" con respecto a C. Tampoco puede manejar la información $A > B > C$

a un nivel intelectual e inferior por deducción que A > C. Sin embargo, puede apreciar cómo se ve una serie o rango a nivel perceptual y resuelve la tarea a este nivel. Las discrepancias que se presentan siempre que coloca un elemento en particular en forma equivocada son apreciadas por el niño como discrepancias perceptuales, pero no como discrepancias lógicas.

En contraste, si se pone el mismo problema a los siete u ocho años, el mismo niño, ahora en el periodo de operaciones concretas, enfoca la labor en forma sistemática, encontrando primero el bloque más grande, después el mayor de los restantes y así hasta que se completa la serie. Ahora, el niño no tiene dificultades con el problema "más grande que", "más pequeño que", con respecto a cualquier elemento. Ya es capaz de ordenar la serie en dos direcciones a un tiempo y se da cuenta de que, para formar una serie, se escoge cada elemento de modo que sea menor que cada elemento que lo precede y mayor que cualquier elemento que lo siga. En otras palabras, la formación de series se ha vuelto una operación reversible.

El periodo de operaciones concretas es llamado así porque el niño necesita manipular objetos concretos a fin de poder poner de manifiesto las habilidades lógicas subyacentes en sus procesos de pensamiento. Sin estos apoyos concretos, su pensamiento se vuelve menos lógico. Por ejemplo, el niño de ocho o nueve años no tiene dificultades con una versión concreta de un problema de formación de serie como el descrito, pero tropieza con gran dificultad cuando se expresa verbalmente un problema mucho más sencillo de formación de serie. Un problema de este tipo empleado dentro de dicho contexto sería el siguiente: "Edith es de color más claro que Susana; Edith es de color más oscuro que Lilia; ¿cuál de las tres es la de color más oscuro?" Un niño de ocho años puede proceder en la siguiente forma, "Edith y Susana son de color claro, Edith y Lilia son de color oscuro; por lo tanto, Lilia es la de color más oscuro, Susana es la más clara y Edith ocupa un sitio intermedio" (Hunt, 1961). Hasta que el niño alcanza la cuarta etapa de Piaget, el periodo de **operaciones formales,** llega a ser capaz de manipular tales proposiciones mentalmente y de llegar a una solución adecuada.

El periodo de operaciones formales, la última de las etapas del desarrollo de Piaget, comienza hacia los once o doce años. La característica de esta etapa es la capacidad del niño para razonar en forma abstracta sin apoyarse en situaciones o acontecimientos concretos. Como está libre de la dependencia de lo concreto, puede ahora razonar acerca de lo hipotético lo mismo que sobre lo real y, de hecho, es capaz de considerar el aquí y ahora como una entre varias posibilidades. En su pensamiento, se interesa con la forma de las proposiciones y las inferencias en vez de con el contenido. Piensa en forma hipotética-educativa y puede discriminar entre conclusiones válidas y no válidas. Esta preocupación con la forma en vez de con el contenido se pone de manifiesto en diversos contextos. Por ejemplo, si se le presenta el argumento, "Todos los cuervos son aves negras. El ave que está en el jardín es negra. Luego, el ave que está en el jardín es un cuervo"; el niño dentro de la etapa operativa concreta echará una mirada al ave del jardín para verificar su validez. En contraste, el adolescente en el periodo operativo formal señalará la falacia del término medio no distribuido —¡aunque no le llame así!

Las adquisiciones del periodo operativo formal llevan al adolescente a una etapa donde posee dentro de su repertorio cognoscitivo todas las operaciones en las que se basa el pensamiento lógico sistemático. Hay todavía muchas brechas en su conocimiento que tendrán que ser llenadas, pero será muy poca la modificación a la estructura de su intelecto.

Por lo tanto, Piaget, al igual que Freud, considera el desarrollo como dotado de una dirección, como procediendo de un nivel menos maduro a otro de mayor maduración. Sin embargo, el punto de vista de Piaget respecto a la contribución del niño a su propio desarrollo es ampliamente diferente al de Freud. Mientras que Freud consideraba al niño como la víctima pasiva de la experiencia, Piaget lo ve como un buscador activo de estimulación y un procesador activo de información. Para el niño de Freud, el mundo externo es un conjunto dado de fuerzas sociales y psicológicas cuya influencia deja una huella permanente sobre su personalidad. Para el niño de Piaget, el mundo externo no es dado sino creado por el pequeño en sus propios términos. Así, durante el periodo sensoriomotor, el niño construye un mundo de objetos desde el punto de vista de las acciones que puede efectuar sobre ellos. Por ejemplo, en el ejercicio inicial del esquema de asir, los objetos pueden ser burdamente clasificados en aquellos que puede y aquellos que no puede coger. Pero esta propiedad no es inherente a los objetos; es el niño quien la confiere a éstos. De manera similar, por virtud de su egocentrismo durante el periodo preoperativo, el pequeño construye un universo físico basado en principios egocéntricos. Si, por ejemplo, se le pregunta: "¿Qué es lo que hace que las nubes se muevan?", él contestará, "nosotros hacemos que se muevan al correr"; o si le preguntamos: "¿Por qué se pone oscuro por la noche?", puede contestar: "Se pone oscuro porque nos vamos a dormir" (Piaget, 1930). Tales explicaciones son claramente inadecuadas bajo las normas de los adultos, pero el hecho de que el niño llegue a ellas de manera espontánea sugiere fuertemente que el pequeño lejos de ser el receptor pasivo de un conocimiento ordenado, está involucrado de manera activa en la construcción de su propia realidad.

Tanto Piaget como Freud situaron su pensamiento psicológico dentro de un contexto biológico y ambos consideraron al desarrollo como progresivo y direccional. Aunque diferían en su punto de vista acerca de la naturaleza activa o pasiva del niño, ambos consideraban la conducta infantil como diferente en esencia a la conducta del adulto. En realidad, tanto Piaget como Freud consideraban la conducta del niño pequeño como cualitativamente diferente y, por lo tanto, requiriendo de diferentes procesos explicativos, a la del niño mayor. En consecuencia, ambos elaboraron teorías de **etapas,** en las cuales cada una de las etapas secuenciales del desarrollo es cualitativamente diferente a la que la precedió. En otras palabras, tanto Freud como Piaget estructuraron teorías **especiales** del desarrollo conductual en vez de teorías **generales** de la conducta. En este aspecto, difieren marcadamente de aquellos psicólogos que han adoptado el enfoque de la **teoría del aprendizaje** para el estudio del desarrollo. Estos últimos han tomado lo que es, en efecto, una teoría general de la conducta y la han aplicado al desarrollo conductual. Veremos más adelante que este enfoque resulta apropiado sólo si se permiten ciertas suposiciones acerca del desarrollo y de la naturaleza de la infancia. En primer término, es necesario presentar un breve bosquejo de la teoría del aprendizaje (para una revisión detallada de esta teoría, consúltese A3 en esta serie).

Teoría del aprendizaje y desarrollo humano

El aprendizaje se refiere a los cambios relativamente permanentes en la conducta que se producen como resultado de la práctica y la experiencia. Es importante recalcar que el **mejomiento** no es parte de la definición de aprendizaje; ¡el ser humano parece adquirir modos de conducta eficaces e ineficaces con casi igual facilidad! El aprendizaje se refiere a la adquisición de conductas enteramente nuevas; a cambios en la rapidez con que se manifiestan las conductas que ya forman parte del repertorio del organismo; y a modificación de las condiciones que dan lugar a conductas que ya están dentro del repertorio del organismo.

No todo cambio conductual puede considerarse como una consecuencia del aprendizaje. Algunos cambios se presentan como resultado de un cambio transitorio en el estado fisiológico del organismo debido a la influencia de drogas o a la fatiga. Otros cambios pueden ocurrir debido al proceso de maduración. Por ejemplo, la secuencia mediante la cual los lactantes se sientan, gatean, se arrodillan, se paran y caminan ocurren con tal regularidad y en tan gran diversidad de condiciones de crianza que muchos opinan que los cambios conductuales que en ello participan están determinados por la maduración, en vez de por el aprendizaje.

Se han hecho tres grandes enfoques al estudio del aprendizaje, dos de ellos comprenden el aprendizaje de nuevas asociaciones a través del condicionamiento, el tercero comprende la modificación de la conducta a través de la observación. Consideraremos cada uno de ellos.

Condicionamiento clásico

Es el nombre que se le da al proceso mediante el cual se establece una asociación entre un estímulo previamente neutral y alguna conducta refleja no aprendida dentro del repertorio del organismo. (Una conducta refleja o respuesta refleja es una respuesta que es provocada en forma innata a la presentación del estímulo apropiado; como ejemplo tenemos el parpadeo como respuesta a una corriente de aire sobre el ojo o la retirada de la mano al recibir un pinchazo.) En un experimento estándar de condicionamiento clásico, se presenta un estímulo neutro seleccionado —llamado **estímulo condicionado**— inmediatamente antes del **estímulo incondicionado**. Por supuesto, el estímulo incondicionado desencadena el reflejo o **respuesta incondicionada**. En el curso de repetidos apareamientos de estímulos condicionados e incondicionados, se establece la asociación entre el primero y la conducta refleja, de modo que, al fin, la presentación del estímulo condicionado basta por sí sola para provocar la respuesta refleja. Esta última tiene ahora el carácter de una **respuesta condicionada**; se ha establecido una conexión que previamente no existía. Por ejemplo, mediante el condicionamiento clásico se ha logrado condicionar perros para que secreten saliva al oír sonar un timbre. Normalmente, la salivación de los perros se produce sólo por la comida en la boca.

J. B. Watson, el conductista norteamericano, adoptó el modelo del condicionamiento clásico y creyó que mediante su aplicación a la conducta humana se podía comprender mucho de lo que antes era misterioso. En particular, aplicó el modelo a un análisis de la adquisición de temores irracionales. En primer lugar, buscó los orígenes del temor en la infancia y opinó que había sólo dos condiciones estimulantes que despertaban una conducta temerosa innata; una era la pérdida brusca de apoyo para el cuerpo y la otra un ruido intenso de comienzo brusco. Ambos estímulos de manera inevitable daban lugar a alarma e incomodidad en los pequeños y Watson definió el temor en estos términos de estímulo-respuesta. Los temores subsecuentes, decía él, se presentaban a través de un proceso de condicionamiento de estas respuestas innatas por otros estímulos previamente neutros. Para demostrar este punto, Watson emprendió el condicionamiento de temor a las criaturas provistas de pelo en un niño de nueve meses de nombre Alberto. Al principio del estudio, Alberto no temía a la rata blanca que se usó como estímulo condicionado. Sin embargo, presentaba una marcada reacción de temor siempre que se hacía sonar bruscamente un gong tras de él (estímulo incondicionado). Durante la pimera sesión de condicionamiento, Alberto alargó la mano hacia la rata y en ese momento el gong se hizo sonar bruscamente. El niño demostró un gran susto. Las sesiones de condicionamiento se repitieron a intervalos semanales y después de la séptima sesión la presencia de la rata fue suficiente para despertar por sí sola temor y hacer que el niño la evitara. Además, el temor de Alberto hacia la rata se generalizó a otras criaturas con pelo, como un perro y un conejo. Incluso un adulto con barba postiza le provocaba ahora sollozos. Un mes después se volvieron a comprobar los temores condicionados de Alberto y, aunque su intensidad se había reducido, todavía eran bastante marcados (Watson y Raynor, 1920).

Watson opinaba que eran tres las emociones básicas —temor, ira y amor— cada una de las cuales estaba inicialmente asociada con un grupo restringido de estímulos incitadores. Creía que estas emociones básicas eran condicionadas con un número cada vez mayor de estímulos originalmente neutrales durante el transcurso del desarrollo. Watson también creía que las emociones complejas de la vida adulta eran producidas sobre la base de las experiencias condicionadas iniciales.

Las respuestas condicionadas de temor de Alberto no estaban restringidas a la presencia de la rata sino que se generalizaron a otros estímulos. La **generalización** de las respuestas condicionadas es un fenómeno bien establecido. Sin embargo, el grado hasta el cual una respuesta clásicamente condicionada se generaliza a otros estímulos es función del grado de similitud entre tales estímulos y el estímulo condicionado original; mientras menor sea el grado de similitud menos intensa es la respuesta condicionada. En contraste, la **discriminación** se refiere al proceso mediante el cual las respuestas condicionadas son provocadas sólo por un estímulo en particular. Por ejemplo, se puede condicionar a un perro para que secrete saliva al presentarle un círculo por medio de apareamientos repetidos del círculo con administración de alimento. Normalmente, tal respuesta se generalizaría, digamos, a una elipse. Sin embargo, si en la situación de adiestramiento se dispone que la presentación de una elipse nunca vaya seguida de alimento y la presentación de un círculo siempre vaya seguida de alimento, entonces, con el tiempo, sólo el círculo provocará la respuesta de salivación. El animal ha aprendido a diferenciar círculos y elipses. El aprendizaje diferencial es un aspecto importante del desarrollo humano.

También es posible el condicionamiento de **orden superior.** Esto ocurre de la siguiente manera. Supongamos que un animal, como el perro a que nos hemos referido, ha sido condicionado para secretar saliva en forma confiable a la presentación de un círculo. Supongamos también que después de este adiestramiento se introduce un estímulo neutral, por ejemplo, el sonido de un zumbador, inmediatamente antes de presentar el círculo. En el curso de repetidas combinaciones de zumbador y círculo se habrá llegado a la situación en que la presentación aislada del sonido del zumbador provocará salivación. En esta forma se han establecido asociaciones remotas en animales entre estímulos y respuestas que nunca habían estado directamente apareadas. El ejemplo descrito fue un condicionamiento de **segundo orden.** Aunque con dificultad, se han logrado condicionamientos de tercero y de cuarto órdenes en algunos experimentos con animales. Por analogía, algunos teóricos del aprendizaje infieren que de este modo pueden adquirirse comportamientos humanos complejos.

Las asociaciones estímulo-respuesta adquirida mediante procedimientos de condicionamiento no son necesariamente permanentes. Si, después de la adquisición de una respuesta condicionada, se dispone una serie de ensayos de modo que el estímulo condicionado nunca vuelva a presentarse seguido del estímulo incondicionado, entonces la respuesta condicionada se desvanece gradualmente y con el tiempo llega a **extinguirse**. Sin embargo, algunas respuestas condicionadas son altamente resistentes a la extinción. En particular, las **respuestas de evitación** resultan resistentes en grado sumo a la extinción. Una respuesta de evitación es aquella que el organismo ha aprendido a efectuar a fin de escapar de cierto estímulo nocivo. Por ejemplo, un perro que ha sido condicionado al oír el sonido de una campana, a alzar la pata a fin de evitar un choque eléctrico, ha adquirido una respuesta condicionada que sólo puede extinguirse con gran dificultad. Queda a cargo del lector considerar el porqué de esta situación así como pensar en posibles ejemplos de conducta humana normal que pudieran considerarse como de condicionamiento de evitación.

Se ha invertido gran cantidad de esfuerzo en intentos de demostrar el aprendizaje clásicamente condicionado durante los primeros días y semanas de vida. Si las respuestas clásicamente condicionadas pueden ser reproducidas en el laboratorio, entonces es factible pensar que cuando menos ciertos aspectos del aprendizaje y el desarrollo en la vida real son analizables en términos clásicos. En años recientes, se ha informado de muchos intentos con éxito de condicionamiento clásico en la primera infancia, comprendiendo conductas tan diversas como el llanto, succión, voltear la cabeza y parpadear. El trabajo de Papousek (1967) indica que la susceptibilidad a los procedimientos clásicos de condicionamiento aumenta con la edad durante los primeros meses de vida. Parece, por lo tanto, que se debe considerar al aprendizaje por el condicionamiento clásico como una posible influencia sobre el desarrollo conductual desde los principios de la infancia. Sin embargo, la situación no es de ningún modo perfectamente clara y todavía hay desacuerdo entre los psicólogos del desarrollo acerca de la importancia precisa que debe dársele a los experimentos de condicionamiento clásico, incluyendo recién nacidos (Fitzgerald y Porges, 1971; Millar, 1974; Sameroff, 1971).

Se ha sugerido que los procesos clásicos de condicionamiento intervienen en actividades humanas tan complejas como la adquisición del lenguaje. Así, Staats (1968) argumenta que los significados que se adjudican a las palabras son adquiridos originalmente por medio del condicionamiento clásico. El estímulo neutral inicial (palabras) llega a tener significado a través de las respuestas que son condicionadas clásicamente con ellas. La palabra "no", por ejemplo, puede ser expresada a un niño debido a su mal comportamiento. Este mal comportamiento va seguido por un castigo y es por medio de esta experiencia que la palabra "no" adquiere significado por asociación con el castigo y la ansiedad. De acuerdo con este punto de vista, el significado de algunas palabras es condicionado directamente, pero a medida que el niño desarrolla un vocabulario pueden usarse algunas de sus palabras como estímulos incondicionados a fin de condicionar el significado de otras palabras.

Condicionamiento operante

Esta forma de aprendizaje, algunas veces llamado **condicionamiento instrumental,** comprende el aprendizaje de asociaciones entre las respuestas patentes del organismo por una parte y los acontecimientos del medio por la otra. Como en el condicionamiento clásico, gran parte de nuestro conocimiento sobre el condicionamiento operante se basa en estudios de laboratorio con animales. Considérese el caso de una rata hambrienta colocada por primera vez dentro de una paqueña caja en la cual hay una palanquita y cerca de ella un comedero vacío. Inicialmente, el animal puede emprender una conducta exploradora, corriendo alrededor de la caja oliendo y rascando. En determinado momento, aunque sólo sea por accidente, es de esperarse que la rata mueva la palanca, activando así un mecanismo que hace caer un pedazo de alimento en el comedero. En el curso de repetidas experiencias en esta caja, la rata se aficiona cada vez más a hacer presión sobre la palanca a fin de obtener alimento y con el tiempo se eliminan otros comportamientos que carecen de importancia para la situación. Técnicamente hablando, la rata en esta situación ha aprendido una respuesta operante o instrumental (mover la palanca a fin de obtener **reforzamiento** (alimento).

Pueden hacerse inmediatamente dos distinciones entre el condicionamiento clásico y el operante. En primer lugar, en el condicionamiento clásico, el organismo aprende la asociación entre un estímulo y una respuesta, mientras que en el condicionamiento operante la asociación adquirida es entre una respuesta y las consecuencias reforzadoras de esa respuesta. En segundo lugar, en el condicionamiento clásico, el estímulo incondicionado **provoca** invariablemente la respuesta incondicionada, mientras que en el condicionamiento operante el reforzamiento es rehusado hasta que el organismo **emite** la respuesta. Sin embargo, a través de esta asociación con el reforzamiento, la respuesta involucrada se refuerza y aumenta la posibilidad de que esta respuesta en particular sea emitida siempre que se presenten condiciones similares.

Es raro que en la vida de los ratones y de los hombres una conducta en particular sea seguida en forma invariable por idénticas consecuencias. Sin embargo, dicha relación artificial puede ser creada dentro de los confines del laboratorio de psicología. En algunos experimentos de aprendizaje, cada vez que se emite una respuesta en particular (por ejemplo, una rata que empuja una palanca) se administra el reforzamiento (por ejemplo, alimento). Esto se denomina **reforzamiento continuo.** También son factibles otros **programas de reforzamiento.** Por ejemplo, la rata puede ser reforzada sólo cada diez veces que acciona la palanca o sólo por la primera respuesta que ocurre dentro de cada periodo de diez segundos. Respectivamente, estos serían ejemplos de programas de **relación fija** y de **intervalo fijo.** En forma alternativa, el refuerzo puede hacerse sobre un programa de **relación variable,** en donde, por ejemplo, en una larga serie de ensayos, en promedio se refuerza cada diez respuestas, pero sin que haya regularidad en la secuencia del reforzamiento. Un programa de **intervalo variable** es aquel en el cual el tiempo entre sucesivos reforzamientos varía alrededor de algún valor promedio. Los programas de relación fija y variable y los de intervalo variable se conocen en conjunto como programas **parciales** de reforzamiento.

Hablando en general, el aprendizaje es más lento bajo el reforzamiento parcial que bajo el reforzamiento continuo. Sin embargo, es importante hacer notar que las asociaciones aprendidas bajo reforzamiento parcial son más fuertes y más resistentes a la extinción que las asociaciones aprendidas en condiciones de reforzamiento continuo. En el condicionamiento operante, la resistencia a la extinción se determina valorando la rapidez y la frecuencia de la emisión de una respuesta aprendida cuando se interrumpe por completo el reforzamiento. En este respecto, la relación variable es particularmente patente. Las palancas adiestradas con un programa de relación variable para picar un disco a fin de recibir granos de maíz continuarán picando el disco durante muchas horas y durante muchos miles de respuestas después de que se ha interrumpido el reforzamiento.

La naturaleza del reforzamiento

El reforzamiento es importante no sólo en la adquisición de nuevas respuestas y comportamientos sino también en el **mantenimiento** de éstos una vez que han sido adquiridos. El programa de relación variable proporciona una forma sumamente eficiente de mantener una respuesta aprendida. Los programas de este tipo son muy comunes en la experiencia humana. Por ejemplo, para muchas personas, la acción de poner monedas en una máquina "tragamonedas", comprar boletos de apuestas en las carreras de caballos, hacer vaticinios en el fútbol, es mantenida por programas de relación variable, ¡y vaya si son bajos dichos programas! Muchos padres, sin saberlo, mantienen una conducta indeseable en sus hijos reforzándola sobre una base de relación variable. Por ejemplo, la madre o el padre que al principio rechaza alguna petición del niño pero que, tras de un episodio de llantos y súplicas, accede posteriormente a lo solicitado, está siguiendo un procedimiento de reforzamiento parcial. Cuando los padres se comportan en forma repetida de este modo, se están poniendo las bases para un patrón de conducta en el niño que puede resultar sumamente resistente a posterior modificación.

El reforzamiento sirve para aumentar la fuerza y la frecuencia de la respuesta asociada. El reforzamiento puede tomar la forma de reducción de las necesidades biológicas básicas como la necesidad de alimento y bebida y la comodidad física. En este contexto, el alimento, la bebida y similares se han llamado reforzadores **primarios.** En una época, los teóricos del aprendizaje afirmaron que todos los reforzadores efectivos adquirían sus propiedades reforzadoras por medio de la asociación con reforzadores primarios. Consideremos nuevamente el caso de la rata hambrienta que ha aprendido a empujar una palanca para obtener alimento. El alimento actúa como reforzador primario al reducir el hambre básica. El chasquido del mecanismo que despacha el alimento no tiene inicialmente valor reforzador. Sin embargo, al estar asociado con la presencia de alimento, adquiere tal valor por sí mismo, ya que se ha visto que una vez que el animal ha adquirido la respuesta de accionar la palanca, persistirá con esta respuesta mucho más tiempo después de que se haya suspendido el reforzamiento primario, si puede oír el chasquido del mecanismo, que si el chasquido se interrumpe también. En otras palabras, el chasquido se ha vuelto un reforzador **secundario.**

El concepto de reforzador secundario puede ser aplicado con facilidad a la conducta humana. Por ejemplo, un lactante hambriento llora y poco después la madre le da leche. En términos de la teoría del aprendizaje la leche actúa como reforzador primario para la respuesta del llanto y aumenta la probabilidad de que la criatura vuelva a llorar la siguiente vez que tenga hambre. Sin embargo, la presencia de la madre también se asocia con la reducción del hambre y, como tal, también va adquiriendo propiedades reforzadoras secundarias. Sobre esta base, la presencia de la madre será buscada por sí misma. Esta, en realidad, es la explicación de los teóricos del aprendizaje a los nexos que gradualmente se desarrollan entre la criatura y la madre. En términos conductistas, los nexos se manifiestan por los esfuerzos que hace el niño para mantener la proximidad a la madre sobre la base de su valor reforzador secundario. En términos de la teoría del aprendizaje, el amor a la madre es el amor a la despensa; se dice que la criatura ama a la madre por los satisfactores que le proporciona.

No hay duda de que el concepto de reforzamiento secundario es una herramienta poderosa en el repertorio del teórico del aprendizaje. Se efectúa un aprendizaje mucho más efectivo en ausencia de impulsos biológicos básicos y el concepto de reforzamiento secundario hace posible explicar esto sin separarnos del punto de vista de que, cuando menos inicialmente, el desarrollo y la modificación de la conducta son motivados por un pequeño número de impulsos primarios. Sin embargo, ahora se ha aclarado que una gran diversidad de acontecimientos del medio actúan como reforzadores para el ser humano, trátese de niños o adultos, y de que es poco factible argumentar que todos ellos tienen una asociación, aunque remota, con la satisfacción de un impulso primario. Por lo tanto, aunque todavía se usa ampliamente el concepto de reforzamiento secundario, el concepto del reforzamiento en sí se ha formulado de nuevo en términos operativos, en esta forma: cualquier hecho estimulante es un reforzador si, cuando sigue a determinada conducta, se aumenta la probabilidad de que dicha conducta vuelva a ocurrir. Esta definición más general de reforzamiento evita la necesidad de rastrear cada reforzador conocido hasta su asociación con la satisfacción de algún impulso primario. Al mismo tiempo, es teóricamente poco satisfactoria, ya que no es posible predecir si cualquier acontecimiento estimulante tiene propiedades reforzadoras.

Reforzamiento positivo y negativo

El reforzamiento positivo se refiere a la administración de un estímulo grato o cuando menos inocuo y que no cause aversión. El **reforzamiento negativo** se refiere a la interrupción de un estímulo nocivo cuando el organismo emite una respuesta en particular. Por ejemplo, un animal de laboratorio puede aprender a dar una respuesta presionando una barra para escapar al choque eléctrico. El choque no se elimina sino hasta que se emite la respuesta. A medida que el aprendizaje prosigue, disminuye el intervalo entre la iniciación del choque y la realización de la respuesta adecuada y, en condiciones apropiadas, el animal aprenderá a anticiparse al choque y efectuar la respuesta antes de la iniciación del estímulo nocivo. Por lo tanto, pueden adquirirse respuestas de evitación tanto por el procedimiento de condicionamiento clásico como en el condicionamiento operante. Una diferencia entre ambos procedimientos en este aspecto es que dentro del paradigma clásico la asociación entre la respuesta de evitación y el estímulo nocivo es reflexiva, mientras que dentro del modo operante la asociación es relativamente arbitraria y está bajo el control del experimentador.

El reforzamiento negativo y el aprendizaje de evitación desempeñan un papel importante en la conducta humana diaria. Muchos niños pequeños, por ejemplo, aprenden a evitar o cuando menos a reducir al mínimo el enojo de los padres adoptando una actitud de arrepentimiento o de disculpa anticipándose a un regaño por alguna falta. El reforzamiento negativo también es eficaz en la edad adulta. El autor sufrió gran ansiedad por terminar este libro a tiempo para satisfacer las exigencias del editor. Sin embargo, se pudo reducir la ansiedad al ponerse a escribir; o sea, la conducta asociada con el hecho de escribir era reforzada negativamente, ya que era un instrumento para escapar de la ansiedad. Los adultos y los niños por igual aprenden respuestas de evitación y escape como un medio de hacer frente a la ansiedad. En ocasiones se adquieren respuestas mal adaptativas de esta manera, tomando la forma de compulsiones, obsesiones y otras conductas rituales.

Los reforzamientos positivos y negativos se emplean como un medio para **aumentar** la frecuencia de determinadas conductas. Es importante distinguir entre el reforzamiento negativo y el **castigo.** El castigo, por supuesto, es una técnica empleada para **extinguir** conductas indeseables.

Generalización y discriminación

Estos conceptos son aplicables tanto al condicionamiento operante como al condicionamiento clásico. Por ejemplo, un niño pequeño puede ser reforzado por la aprobación paterna al articular la palabra "perro" en presencia de un miembro en particular de la familia canina y, subsecuentemente, generaliza esta respuesta a todos los demás cuadrúpedos. No sólo la respuesta verbal puede generalizarse sino también otras conductas asociadas con dicha respuesta como las caricias o los golpes. Sin embargo, sobre la base del reforzamiento diferencial de estas diversas conductas, el niño gradualmente llega a discriminar entre los perros y otros animales. Los procesos de generalización y discriminación son importantes para mantener la adaptabilidad y la flexibilidad de la conducta del hombre, lo mismo que de otros animales.

Adaptación de la conducta

Sólo es posible reforzar las respuestas que el organismo ya tiene disponibles. Si determinada respuesta no se encuentra ya dentro del repertorio del organismo, entonces no podrá efectuarse ningún grado de reforzamiento. Sin embargo, mediante ciertos procedimientos de adaptación, especialmente por la técnica de las **aproximaciones sucesivas,** es posible adiestrar sujetos para que adquieran patrones de conducta nuevos y complejos, cuya posibilidad de presentación por azar es realmente cero. En los procedimientos de adaptación comienza uno con respuestas ya disponibles al organismo y por modificación sucesiva de las contingencias del reforzamiento estas respuestas son gradualmente adaptadas de modo que cada vez se aproximan más a la respuesta final que se desea. Consideremos, por ejemplo, el familiar problema de adiestrar palomas para dar saltos mortales. Parte del repertorio original de las palomas es picotear el suelo para coger granos. El arqueamiento puede considerarse como el fragmento inicial de la respuesta final. En la observación, podrá apreciarse que algunos de estos arqueamientos son más profundos que los otros y, por lo tanto, para comenzar se pueden reforzar selectivamente (dando uno o dos granos) sólo estos encorvamientos más profundos. Cuando el encorvamiento profundo ha quedado bien establecido, puede cambiarse la contingencia, de modo que sólo aquellos arqueamientos en los que la cabeza pase entre las patas recibirán ahora reforzamiento. Esta modificación sucesiva del criterio para el reforzamiento se continuará hasta que se llegue a la etapa en la cual, en el curso del arqueamiento, la cabeza de la paloma llega tan atrás, que ésta se cae. Cuando esto ha pasado varias veces, deberá hacerse reforzamiento cuando la paloma dé la voltereta y vuelva a caer sobre sus patas. Presto: ¡una paloma que da saltos mortales!

La adaptación de la conducta mediante aproximaciones sucesivas ha sido empleada en forma extensa en la modificación de la conducta humana. Mediante tales técnicas, se ha enseñado a psicóticos adultos previamente mudos para que vuelvan a hablar (Neale y Liebert, 1969) y niños mentalmente retardados han alcanzado un notable grado de precisión en labores de discriminación perceptual (Bijou, 1968). Dentro del contexto del desarrollo humano normal, se ha dicho que los procedimientos de adaptación desempeñan un papel importante. Por ejemplo, se dice que en la adquisición del habla los padres frecuentemente adoptan la técnica de las aproximaciones sucesivas, al principio reforzando a sus hijos (por la atención, sonrisa y otras formas de reforzamiento social) por todas las vocalizaciones, reforzando después más selectivamente aquellos balbuceos que se aproximen a palabras, y más tarde aún reservando el reforzamiento para la correcta pronunciación de verdaderas palabras. B. F. Skinner, cuyo nombre se halla estrechamente asociado con el análisis y aplicación de procedimientos de condicionamiento operante, ha aseverado que toda conducta humana es resultado de experiencias de condicionamiento y adaptación. En dos importantes libros —**Walden Two** (1948) y **Beyond Freedom and Dig-**

nity (1971)— Skinner ha aconsejado un programa constante y deliberado de ingeniería conductual, sugiriendo que sólo por tales medios pueden combatirse las enfermedades sociales de la guerra, hambre y contaminación (consideradas como el resultado de los actuales procedimientos de adaptación desordenados y sin planificación) (véase B1).

Aplicación de procedimientos de condicionamiento operante de la primera infancia

No parece haber duda en que la conducta de la criatura, desde los primeros días y semanas de su vida, puede ser puesta bajo el control de procedimientos de condicionamiento operante. El grado hasta el cual la conducta del pequeño es modificable por las contingencias ambientales parece estar limitado sólo por la naturaleza restringida del repertorio de respuestas del cual dispone. Una amplia variedad de las conductas espontáneamente disponibles para el pequeño, incluyendo el voltear la cabeza, la dirección de la mirada, vocalización, succión, sonrisa y movimientos de brazos y piernas han logrado ser modificadas mediante procedimientos de condicionamiento operante (véase Millar, 1974). Por lo tanto, el aprendizaje mediante este condicionamiento debe ser considerado como una importante influencia potencial del desarrollo conductual del ser humano. No obstante, el hecho de que los niños puedan ser operativamente condicionados no implica que éste sea el único factor en el desarrollo.

Aprendizaje por observación

Gran cantidad de aprendizaje en muchas situaciones de la vida diaria se produce sobre la base de la observación directa de la conducta de otras personas (véase B1). Esto se aprecia particularmente en las etapas iniciales de la adquisición de habilidades complejas, como las implicadas en el karate o el manejo de autos. Aunque se requiere mucha práctica posterior para perfeccionar tales habilidades, no hay duda de que la cuidadosa observación de una persona hábil facilita en gran manera el proceso inicial de aprendizaje. El aprendizaje por observación es claramente un proceso eficaz y adaptativo, mediante el cual se acorta el muchas veces lento y laborioso procedimiento implicado en el acondicionamiento o adaptación de la conducta.

El aprendizaje por observación es una importante influencia sobre la conducta del adulto. Dos cuestiones se presentan con respecto al papel de la observación en el desarrollo conductual de niños pequeños. En primer lugar, ¿aprenden los niños pequeños por observación? En segundo término, el aprendizaje por observación en los niños, de llegar a ocurrir, ¿se presenta sólo dentro de determinado **arreglo** para aprender (o sea, cuando los niños están bajo instrucción para aprender determinada conducta o están altamente motivados en alguna otra forma para aprender)? O bien, ¿se produce aprendizaje observacional en ausencia de cualquier motivación o instrucción explícita?

Se han obtenido respuestas a estas diversas preguntas con los resultados de una larga serie de estudios llevados a cabo por Bandura y Walters y sus colaboradores (Bandura, 1965; 1968; Bandura y Walters, 1963). En un estudio típico, los niños en edad preescolar observaron a un modelo adulto comportarse en forma agresiva y caprichosa hacia un gran payaso inflable (un muñeco llamado Bobo). Posteriormente se colocó a los niños dentro de una habitación donde, entre otras cosas, había un muñeco Bobo. En comparación con un grupo de control que no había observado al modelo, estos niños manifestaron un gran nivel de agresión hacia el muñeco, gran parte de ella semejante a la conducta caprichosa del modelo. A través simplemente de la exposición y sin haber recibido instrucciones específicas para copiar la conducta del modelo, estos niños habían adquirido un nuevo juego de respuestas agresivas. Diversos estudios subsecuentes confirmaron que se obtenían comportamientos similares, ya sea que el modelo fuera un niño o un adulto o que la observación se hiciera en la vida real o a través de una película.

En un estudio muy importante, se presentó a **tres grupos** de niños, por medio de una película, un modelo adulto que se comportaba de manera agresiva con el muñeco Bobo, en la forma ya descrita. Un grupo, de control, vio sólo a un adulto interactuando agresivamente con el muñeco, golpeándolo con el puño y con un martillo, arrojándole objetos, insultándolo. Sin embargo, para los otros dos grupos, un segundo **adulto** entró en escena hacia el final de la película. Para los niños en el grupo de **modelo recompensado**, este segundo adulto felicitaba al modelo por su conducta agresiva y le daba una generosa ración de dulces y limonada para restaurar la energía perdida. Para los **niños** en el grupo de **modelo castigado**, el segundo adulto reprendía con severidad al modelo por ser tan agresivo y le advertía que debía reprimir su conducta en el futuro.

Después, se colocó individualmente a los niños de cada grupo en una sala de juegos con muchos juguetes que no habían aparecido en la película, pero en la cual también había un muñeco Bobo y un martillo. A cada niño se le dejó solo diez minutos, tiempo durante el cual se observó su conducta. En particular, se registró la frecuencia de la conducta imitativa agresiva. El principal dato obtenido durante esta fase del estudio fue que la frecuencia de agresión imitativa difirió entre los tres grupos, mostrando los niños del grupo con el **modelo castigado** mucho menor agresión que los otros dos. Puede argumentarse, sobre esta base, que los niños que observaron cómo el modelo era recompensado por su agresión, disfrutaron hasta cierto grado el éxito del modelo, fueron ellos mismos reforzados **en la persona del modelo**, y por esta razón es posible que mostraron un nivel más elevado de aprendizaje. En contraste, los niños que vieron castigar al modelo a causa de su conducta fueron castigados a través de él y, por lo tanto, propensos a mostrar un menor nivel de aprendizaje.

La interpretación de reforzamiento/castigo vicariante es razonable hasta aquí, pero de ningún modo constituye toda la historia. En una tercera fase de este estudio, se demostró que todos los niños habían logrado un nivel muy elevado de aprendizaje observacional. Durante esta fase, se pidió a cada niño que reprodujera lo mejor que pudiera la conducta agresiva del modelo y fue directamente recompensado por cada acto de agresión imitativa. Ahora no hubo diferencias entre los niños de los tres grupos; todos ellos revelaron el mismo alto grado de adquisición de conducta agresiva. Por lo tanto, esta parte del estudio señaló la necesidad de distinguir entre dos aspectos del aprendizaje por observación, la **adquisición** y la **ejecución**. Para la adquisición del comportamiento, basta con la presencia y la observación de un modelo. Sin embargo, el que el aprendizaje resultado de la observación se manifieste posteriormente en una ejecución, puede estar influido por factores tales como las consecuencias que tuvo para el modelo la conducta observada. Si éstas son atractivas, el resultante reforzamiento vicariante tendrá un efecto facilitador sobre la conducta imitativa. Por otra parte, si las consecuencias son desagradables, es de esperarse que el castigo vicariante tenga un efecto inhibidor sobre la ejecución. Sin embargo, siempre existe la potencialidad para reproducir estas respuestas en circunstancias ambientales favorables, como se hizo evidente en la tercera fase del estudio ya descrito.

Aunque las demostraciones más dramáticas del aprendizaje observacional en niños pequeños han guardado relación con la conducta agresiva, el fenómeno no queda restringido a la adquisición de la agresión. Se ha demostrado que el comportamiento para la resolución de problemas, las preferencias estéticas, los juicios morales y muchas otras conductas son modificables mediante la exposición de los niños a la conducta de modelos. Además, no son sólo las consecuencias de la conducta para el modelo lo que determina si el aprendizaje se manifestará a nivel de ejecución. Lo atractivo que resulte el modelo para el niño, la similitud percibida entre el modelo y el niño, el entusiasmo del modelo y el poder percibido en el modelo influirán el grado de ejecución imitativa. Pero, nótese nuevamente que estas variables actúan a nivel de la ejecución y no a nivel de la adquisición. En condiciones adecuadas, puede demostrarse con facilidad que la conducta de modelos poco atractivos, disímbolos y carentes de poder llega a ser reproducida por niños pequeños, lo cual indica que también se produce aprendizaje por la exposición a tales modelos.

Se han efectuado algunos estudios en los cuales los niños han sido reforzados directamente para imitar la conducta de un modelo. Aunque se ha visto que el reforzamiento, ya sea vicariante o directo, no es una condición necesaria para el aprendizaje por observación, estos últimos estudios han llamado la atención hacia un importante fenómeno. En estudios en donde los niños han sido reforzados para reproducir determinadas conductas previamente mostradas por un modelo, se ha encontrado que la imitación se generaliza a otros aspectos de la conducta del modelo. O sea, que el niño también produce respuestas imitativas para las cuales no ha habido reforzamiento (Baer y Sherman, 1964). Esta **imitación generalizada** puede desempeñar un papel importante en los procesos que han sido agrupados bajo el concepto de **identificación,** mediante los cuales el pequeño llega a adoptar las actitudes y características conductuales de otras personas significativas en su medio, en particular, las actitudes y características presentadas por los padres.

El trabajo sobre el aprendizaje observacional llama la atención sobre el hecho de que el aprendizaje es un proceso continuo, no restringido a situaciones particulares, preestablecidas o altamente estructuradas. Recalca también que el aprendizaje no es necesariamente un proceso intencional. Abundan las oportunidades para el aprendizaje observacional y el niño está expuesto todos los días a una gran variedad de posibles influencias de modelos. Las posibilidades de desarrollo conductual y de modificación a través de la observación son casi ilimitadas. Algunas de estas influencias sobre la conducta son benignas. Otras lo son menos. El lector puede reflexionar, por ejemplo, en el posible papel de la televisión y otras formas de entretenimiento popular sobre el desarrollo conductual del niño pequeño, en particular, sobre el desarrollo del comportamiento agresivo.

La mayor parte del trabajo sobre el aprendizaje observacional ha sido llevado a cabo con niños de escuela primaria. Piaget (1951) adjudicó un papel a la imitación en el desarrollo cognoscitivo del niño pequeño y, recientemente, ha habido mayor interés entre los psicólogos del desarrollo sobre el papel del aprendizaje observacional y la imitación durante la primera infancia. Los resultados de otras investigaciones (por ejemplo, Trevarthen, 1974) sugieren que el aprendizaje mediante observación desempeña un papel en el desarrollo conductual desde los primeros meses de la vida.

El aprendizaje y la dirección del desarrollo

De manera similar a Freud, los teóricos del aprendizaje consideran al niño como un organismo reactivo pasivo. Sin embargo, a diferencia de Freud y Piaget, aquéllos no hacen suposiciones acerca de la naturaleza direccional del desarrollo, ni presuponen una meta ideal para éste (Spiker, 1966). Desde el punto de vista de la teoría del aprendizaje, el estado del desarrollo conductual evidenciado por el individuo en cualquier punto entre el nacimiento y la madurez, es determinado por la historia del condicionamiento, reforzamiento y experiencias con modelos a las cuales ha estado expuesto el individuo. Se desprende que hay tantos resultados como variedades de experiencia hay, y que no existe una ruta o secuencia fija a través de la cual deba pasar el individuo a fin de alcanzar determinado estado en particular de desarrollo conductual. Además, como las influencias determinantes de la conducta (experiencias condicionantes, esquemas de reforzamiento, opor-

tunidades de observar modelos) se supone que operan durante
toda la vida, el desarrollo se concibe como un proceso continuo
y no como ocurriendo en una serie de etapas independientes. En
realidad, desde el punto de vista de la teoría el aprendizaje, los
fenómenos conductuales que ocurren en el niño no son de tipo
diferente de aquellos que ocurren posteriormente en la vida. Sin
embargo, las experiencias de aprendizaje de la niñez pueden tener
profunda influencia sobre lo que pasa después. No obstante, los
teóricos del aprendizaje rechazan más o menos explícitamente
la necesidad de una teoría **especial** de desarrollo opuesta a una
teoría **general** de la conducta. Se afirma que, mediante la juiciosa
manipulación de los procesos de condicionamiento y adaptación,
y el control cuidadoso de las contingencias del reforzamiento,
". . .puede modificarse suficiente diversidad de conductas infantiles a distintas edades y en diferentes secuencias como para hacer
que una psicología **del desarrollo** carezca de importancia" (Baer
y Wright, 1974; cursivas agregadas). Por lo tanto, para los teóricos del aprendizaje, el desarrollo simplemente implica cambios
en el tiempo; para ellos, el término no tiene otras implicaciones
connotativas.

Aunque los teóricos del aprendizaje rechazan cualquier suposición que implique que el desarrollo es direccional, de menos
maduro a más maduro, aceptan que en sus manifestaciones conductuales el desarrollo es secuencial. Sin embargo, no aceptan
que las secuencias típicas del desarrollo, como las que se manifiestan en el arte infantil (Di Leo, 1971; Jameson, 1968) o en la
adquisición del lenguaje (Brown y Bellugi, 1964), sean invaria-
bles o necesarias. Se consideran más bien como el resultado de
programas de aprendizaje en particular; dado que los programas
son en principio modificables, también lo son las secuencias. Algunos teóricos del aprendizaje han señalado una posible relación
entre la ciencia de una cultura y la forma en que ciertos fenómenos se manifiestan dentro de ésta. Por ejemplo, una cultura
cuya ciencia establece que el hombre es agresivo por naturaleza
puede modelarse a sí misma de modo tal que es más factible que
se exprese la agresión, de manera que lo que comenzó como una
hipótesis se transforma en una profecía autorrealizada. De manera similar, una cultura cuya ciencia cree que el desarrollo humano
es progresivo y direccional puede organizarse de tal manera (por
ejemplo, mediante el diseño de sus procesos educativos) que logre
llenar sus expectativas (Baer y Wright, 1974).

Crítica de la teoría del aprendizaje

La estrategia del teórico del aprendizaje para intentar explicar algunas características del desarrollo infantil comprende tres etapas bien establecidas. La primera consiste en idear una historia de las experiencias del aprendizaje que daría como resultado la explicación de la conducta. La segunda comprende la reconstrucción del hipotético proceso de adquisición bajo las condiciones controladas del laboratorio, demostrando así (a) que la presupuesta historia del aprendizaje puede reproducirse y (b), que da como resultado la conducta en cuestión. La tercera etapa comprende la generalización de los resultados de laboratorio, vinculando la suposición de que los niños que muestran la conducta en cuestión bajo condiciones naturales han estado expuestos a la hipotética experiencia de aprendizaje o a alguna experiencia análoga.

Como indica Baldwin (1967), esta línea de razonamiento comprende una falacia crítica. Es el error de juzgar que dado que A es una condición previa **suficiente** para B, la presentación de B **necesariamente** implica la existencia previa de A. Puede haber muchas rutas hacia B, de las cuales A es sólo una de ellas. El enfoque de la teoría del aprendizaje al desarrollo se basa en el análisis de la conducta en el laboratorio, y sus resultados son después aplicados al ambiente natural en ausencia de apoyo empírico para tal generalización. Compete a los teóricos del aprendizaje demostrar, no mediante conjeturas o por analogía, sino por los resultados de la observación directa, que la experiencia del niño en el ambiente natural se aproxima a las situaciones de aprendizaje hipotéticas creadas en el laboratorio.

La teoría del aprendizaje también es criticada por su incapacidad para explicar la espontaneidad y la originalidad en la conducta. Desde el punto de vista de la teoría del aprendizaje el niño sólo puede responder a los estímulos en términos de asociaciones que han sido adquiridas a través de experiencias de condicionamiento o en términos de su previa exposición a modelos. Una conducta novedosa resulta difícil de explicar en términos de la teoría del aprendizaje. Sin embargo, los niños frecuentemente se comportan en forma novedosa y original. A nivel de la producción de lenguaje, para presentar sólo un ejemplo, el niño preescolar emite de manera espontánea muchas expresiones que serían difíciles de explicar en términos de aprendizaje por asociación, y que es muy poco probable que se basen en la imitación de un modelo (Brown y Bellugi, 1964). Los teóricos orientados biológicamente, como Piaget, se encuentran en mejor posición al respecto. Recalcando la estructura y organización del organismo que expresa la conducta, son más capaces de explicar la espontaneidad y el origen endógeno, interno, de gran parte de la conducta. En realidad, Piaget expresa que el aprendizaje en sí mismo no puede comprenderse sin hacer referencia a la estructura subyacente del organismo. Antes de que pueda aprenderse una respuesta a determinado estímulo, el organismo debe contar con cierta estructura capaz de asimilar el estímulo; de otra manera éste no existe **como** estímulo para ese organismo. Por ejemplo, como ya se hizo notar, una hilera seriada de palillos no existe como estímulo para un niño preoperativo, ya que tal niño no tiene una estructura cognoscitiva a la cual asimilar la formación de series. La teoría del aprendizaje ha tendido a hacer a un lado los factores biológicos y a pasar desapercibida la estructura en su interpretación del desarrollo conductual. Ha sido una suposición tradicional de los teóricos del aprendizaje que cualquier estímulo puede asociarse con cualquier respuesta. Esta posición es ya insostenible (Brackbill y Fitzgerald, 1969; Seligman, 1971).

Al fin, el argumento de que el desarrollo es tan sólo aprendizaje ha sido criticado porque lleva a predicciones empíricamente inválidas. En la formación de los nexos afectivos, por ejemplo, los principios de reforzamiento llevan a hacer la predicción de que el primero y más fuerte nexo será con la persona más involucrada con la satisfacción de las necesidades de nutrición y la comodidad física del niño. En la situación normal dicha persona será la madre y su presencia, por lo tanto, adquirirá gran cantidad de valor reforzador secundario. Por consiguiente, este nexo afectivo inicial se manifestará por la preferencia del niño a la proximidad con la madre en vez de con otras personas de su medio inmediato. Sin embargo, en su estudio longitudinal de la formación de nexos, Schaffer y Emerson (1964) encontraron que el objeto primario de la fijación con frecuencia **no** era el principal cuidador y que los principios de reforzamiento por sí solos eran inadecuados para explicar el desarrollo de dichos nexos afectivos.

¿Cuál teoría; cuál concepto de desarrollo?

Se han bosquejado brevemente tres importantes posiciones teóricas. Para una discusión más completa de los puntos de vista de Freud y de Piaget y de la teoría del aprendizaje, así como para una introducción a otras perspectivas teóricas sobre la naturaleza de los procesos del desarrollo, recomendamos al lector el excelente libro de Baldwin (1967). Sin embargo, todavía no se ha presentado ninguna teoría que sea adecuada para explicar todos los cambios importantes en el funcionamiento psicológico que ocurren entre el nacimiento y la madurez. Cada uno de los tres enfoques aquí discutidos hace una contribución a la comprensión del desarrollo humano. Aunque sus puntos de partida difieren de manera radical, no necesariamente uno de ellos es del todo correcto y los otros están por completo equivocados. Además, en muchos aspectos las contradicciones entre ellos son más aparentes que reales, pues cada uno trata primordialmente con un diferente universo en sus planteamientos. La principal preocupación de la teoría psicoanalítica es el desarrollo de la personalidad y, en particular, el de los motivos y de las emociones. La teoría de Piaget fue elaborada para explicar el desarrollo de los procesos del pensamiento. El principal interés de la teoría del aprendizaje es la explicación de la conducta evidente. Estas son áreas importantes de funcionamiento por derecho propio y puede ser que, cuando menos al nivel actual de nuestros conocimientos, cada uno requiera un conjunto distinto de principios teóricos.

Como ya se indicó, la teoría es una guía para la investigación y gran parte de la que se ha reportado en la literatura sobre el desarrollo ha sido generada sobre la base de las posiciones teóricas aquí discutidas. Al mismo tiempo, gran cantidad de la investigación en la psicología del desarrollo contemporánea es ateorética por naturaleza y es efectuada por su valor explorador, descubridor de hechos, más que a nivel de la comprobación de hipótesis específicas. Tal actividad es necesaria durante las etapas iniciales de cualquier esfuerzo científico y la psicología del desarrollo se encuentra aún en sus etapas iniciales. Sin embargo, en última instancia, es más factible que el conocimiento avance por la investigación basada en la teoría que mediante averiguaciones más empíricas. En ausencia de una perspectiva teórica única y adecuada, puede ser necesario considerar al niño de manera diferente dentro de distintos contextos, ya sea como pequeño freudiano, ahora como un pequeño piagetano, o bien, como un pequeño teórico del aprendizaje, de manera similar a como los físicos han considerado alternativamente la luz como formada de ondas o de partículas.

No obstante, durante el proceso de crecimiento y cambio, el ser humano es un organismo integrado y hay necesidad de que tal integración se refleje en la teoría del desarrollo. Los futuros adelantos de esta teoría en sí serán hacia una mayor integración, hacia una visión superior o metateoría en la cual estructura y función, motivo y acción estén coherentemente interrelacionados.

3
Estudio de los Cambios de Conducta Relacionados con la Edad

La fuerza y el valor explicativo de las teorías elaboradas para explicar el desarrollo psicológico residen, en última instancia, en la calidad, confiabilidad y validez de las observaciones empíricas empleadas en su apoyo (véase A1, A8). En este capítulo y en el siguiente, nos referiremos a las estrategias de investigación disponibles para el psicólogo del desarrollo, así como a los métodos empleados en la recolección de datos utilizados para evaluar o generar hipótesis acerca de los procesos del desarrollo.

En algunos aspectos, la psicología del desarrollo representa una confluencia entre la psicología educacional, experimental, social y de la personalidad, de modo que los métodos ya ensayados que se han aplicado a la investigacion de problemas en estas áreas también pueden aplicarse a investigar problemas de la psicología del desarrollo. Sin embargo, el psicólogo del desarrollo difiere de sus colegas en estos campos relacionados en que tiene mayor interés en aquellos aspectos de la conducta y de la capacidad que presentan un cambio sistemático como función del aumento de edad. Así, en la mayoría de los estudios sobre el desarrollo, la edad es una **variable independiente** primaria.

En el lenguaje formal del diseño para la investigación, las variables independientes son aquellos factores que, en el contexto de determinado estudio, el investigador permite que varíen en una forma especificable y controlada. Observa entonces el efecto que pudiera tener tal variable o variables independientes sobre otros fenómenos de interés para él. A esto último se le llama **variable dependiente.** Con frecuencia se efectúan investigaciones para determinar si existe alguna relación funcional entre el cambio en el valor de determinadas variables independientes y el cambio en el valor de otras variables dependientes. Por ejemplo, en un estudio del aprendizaje verbal y de la memoria verbal, uno puede interesarse en determinar si la precisión con la cual se memoriza una lista de palabras (variable dependiente) está relacionada con el grado en que las palabras de la lista se aproximan a una oración en el español común (variable independiente). Una forma de enfocar esta cuestión sería estructurar varias listas de palabras de igual tamaño, pero con diferentes niveles de aproximación al lenguaje común. En el nivel inferior de aproximación la lista podría comprender una simple sucesión de palabras desconectadas, mientras que en el nivel más elevado las palabras constituirían una oración completa. Las listas podrían ser entonces presentadas a personas bajo condiciones controladas y registrarse la precisión del recuerdo después de un número específico de presentaciones. El análisis estadístico de los errores en el recuerdo en respuesta a diferentes listas haría posible determinar si existe alguna relación entre este par en particular de variables independiente y dependiente.

En el área de la adquisición del lenguaje una pregunta sencilla podría ser, cuál es la relación que existe entre la edad de un niño (variable independiente) y la extensión de su vocabulario hablado (variable dependiente). En este caso se podría hacer una cuantificación sistemática de las palabras utilizadas por un niño a diferentes edades y hacerse una gráfica con ellas.

Estos dos ejemplos bastan para llamar inmediatamente la atención a un problema que confronta permanentemente el investigador dedicado a estudiar el desarrollo. En el ejemplo del aprendizaje verbal, la variable independiente está bajo el control directo del experimentador. Siguiendo procedimientos bastante comunes, puede estar seguro de que sus listas difieran entre sí sólo en su grado de aproximación al español estándar y que las otras diferencias entre las listas no contaminen, por lo tanto, los resultados. Esta es una ventaja de la cual no disfruta el psicólogo del desarrollo. En la investigación del desarrollo, el investigador no puede manipular directamente una de las principales variables, como es la edad del sujeto. No puede variar la edad de sus sujetos a voluntad, ni dispone nunca de condiciones en las cuales la edad sea la única diferencia entre los sujetos. Las diferencias entre niños pequeños y mayores no son sólo cuestión de edad. Los niños de más edad son casi inevitablemente más grandes, más fuertes, con más años de escolaridad y más experimentados

en la vida que los niños pequeños. Estas últimas variables se asocian de manera inevitable con la edad y no hay grupos de niños
en los cuales la edad aumente sin que también haya cambios en
estas variables asociadas.

Sin embargo, puede darse el caso de que el psicólogo del desarrollo tenga constante interés en estudiar aquellos fenómenos
de la conducta que cambian en forma sistemática al aumentar la
edad. Como no puede manipular directamente la edad, debe depender de la naturaleza para que ésta lo haga por él. Hay dos
amplias estrategias disponibles para el investigador de los cambios conductuales relacionados con la edad, las cuales revisaremos
a continuación.

Estrategias de investigación transversal y longitudinal

Supóngase que estamos interesados en el estudio de los cambios de los patrones del habla en niños pequeños durante los años
preescolares. Una forma de hacerlo sería obtener muestras de las
expresiones espontáneas de varios grupos de niños a diferentes
edades —digamos un grupo de niños de tres años, otro de cuatro años y otro de cinco años—. Podrían hacerse entonces com-
paraciones sistemáticas entre las muestras de lenguaje así obtenidas. Esto constituiría un ejemplo de lo que se llama la técnica
transversal. Otra alternativa sería comenzar con un solo grupo
con niños de tres años y seguirlo hasta que cumplieran cinco
años, obteniendo muestras de su lenguaje a intervalos anuales.
Debe hacerse como antes la comparación sistemática entre las
muestras del habla obtenidas en cada edad, aunque no sea posible
completar el análisis, sino hasta que el niño más pequeño del
grupo haya llegado a los cinco años. Esto es lo que se conoce
como técnica **longitudinal**. Por lo tanto, en el enfoque longitudinal
el investigador hace repetidas observaciones del mismo grupo de
sujetos, mientras que en el enfoque transversal hace una observación definitiva en distintos grupos de sujetos.

Hay muchos aspectos de la psicología del desarrollo en los cuales puede emplearse una estrategia transversal o longitudinal y
no hay ninguna regla definida para escoger entre ellas. Cada
estrategia tiene diversas ventajas y desventajas, en cualquier situación en particular el investigador tiene que considerar la importancia relativa de ellas para su área especial de investigación.

Tiempo disponible

Debe aclararse que el enfoque transversal es económico en tiempo, en comparación con el enfoque longitudinal. El investigador no tiene que esperar a que el tiempo transcurra. En un periodo relativamente corto, puede hacer observaciones en individuos de distinta edad. El investigador que utilice la técnica longitudinal podrá, en cambio, operar sólo con la rapidez que le permita el paso del tiempo. En el ejemplo del desarrollo del habla, ya citado, el investigador que adopte un enfoque longitudinal tendrá que esperar cuando menos dos años antes de poder completar sus observaciones. Sin embargo, la economía de tiempo no es el único aspecto, ni tampoco es siempre el más importante, que hay que tener en cuenta al escoger entre los diseños transversal y longitudinal.

Generalidad de los datos

Los psicólogos del desarrollo gustan de estar en posición de hacer aseveraciones que tengan validez general y que no queden restringidas a los sujetos en particular que participaron en determinado estudio. Por otra parte, están obligados a llevar a cabo su investigación con muestras en vez de en la población en su totalidad. Para que los resultados de la investigación puedan ser generalizables resulta esencial, por lo tanto, que las muestras en que se basan sean representativas. El problema de la representatividad de la muestra lo tiene que confrontar todo científico de la conducta.

La forma más satisfactoria de obtener una muestra representativa es asegurarse que sus componentes sean seleccionados al azar. Una muestra al azar es aquella en la cual cada miembro de la población que resulta de interés tiene la misma posibilidad de ser incluido. En una muestra tomada al azar hay una gran probabilidad de que ningún grupo de la población se encuentre representado en exceso a expensas de otros grupos. La muestra será relativamente uniforme y, por lo tanto, representativa de la población en general. En consecuencia, los resultados de los estudios de los sujetos seleccionados al azar pueden ser generalizados con confianza a toda la población de interés.

Para ilustrar lo que implica el muestreo al azar, consideremos de nuevo el ejemplo del desarrollo de los patrones del habla en los niños preescolares. Un investigador que intentara investigar este tópico longitudinalmente, primero tendría que especificar su población de interés con precisión, a fin de poder establecer un adecuado sistema de muestreo. Supongamos que desea una muestra representativa de los niños preescolares británicos, y que fija como punto de partida los tres años, intentando continuar el estudio hasta los cinco años. En seguida, debe decidirse el tamaño de la muestra. No hay ninguna regla precisa para calcular este dato, excepto que la muestra debe ser lo suficientemente grande para estar seguros de que los datos son confiables a un grado razonable (véase A8). Al observador podría parecerle que una muestra de treinta niños sería satisfactoria. Necesita, asimismo, obtener un registro de todos los niños británicos nacidos aproximadamente tres años antes de la fecha en la que se iniciará el estudio. En seguida, debe determinar la proporción (l/n) de esta población total que es representada por esta muestra de treinta niños. Abordará entonces el registro en algún punto al azar y después seleccionará cada n niño hasta completar la lista de treinta.

Siguiendo estos pasos, el investigador puede confiar razonablemente iniciar su estudio con una muestra representativa de los niños británicos de tres años. Suponiendo que pudiera seguir controlando toda la muestra a través del periodo de estudio de dos años, tendría la posibilidad al terminarlo, de hacer aseveraciones acerca del desarrollo de patrones del habla que pudieran generalizarse con confianza a la población de niños preescolares británicos.

La aparente simplicidad de los pasos descritos esconde una maraña de dificultades prácticas a las cuales se enfrentará el psicólogo del desarrollo que siga un procedimiento de muestreo al azar. Los niños de su muestra se encontrarán dispersos en una gran área geográfica. Se tendría que entrevistar individualmente a los padres y obtener un permiso para que los niños participaran en el estudio. Es inevitable que algunos se rehúsen y tendrán que adoptarse métodos apropiados para obtener sustitutos, a fin de evitar que la muestra se desvirtúe, ya que habrá diferencias entre las personas que acepten participar en una investigación y aquellas que se rehúsen; tales diferencias podrían ser importantes para la conducta en estudio. Deben tomarse medidas para la observación y el registro del habla espontánea de los niños que finalmente queden incluidos en la muestra. Habrá una gran cantidad de aspectos administrativos e, independientemente de todo el cuidado que se haya puesto en la planeación del proyecto, de manera inevitable se presentarán problemas.

El costo, tanto en tiempo como en dinero, invertido en resolver estas diversas dificultades es tan elevado que sólo rara vez se adoptan procedimientos de muestreo al azar en la investigación longitudinal. Incluso en la investigación efectuada de manera más restringida sobre una base local en vez de nacional, los costos son muy elevados. La mayoría de los investigadores del desarrollo generalmente no disponen de una solución de muestreo al azar para el problema de obtener una muestra representativa en estudios longitudinales.

En la investigación transversal, las dificultades asociadas con los procedimientos de muestreo al azar son todavía mayores. En este tipo de investigación se requiere no una sino varias muestras, una por cada nivel de edad que se va a estudiar. Por lo tanto, se multiplican los problemas implicados en entrevistar a los sujetos de la muestra y para obtener sustitutos para aquellos que no acepten participar.

Sujetos voluntarios.

La realidad de este asunto es que gran cantidad de la investigación sobre el desarrollo se efectúa en muestras de sujetos cuya representatividad se supone en vez de demostrarse. La mayoría de los investigadores sobre el desarrollo se sirven de hogares, guarderías, escuelas y otras instituciones en un radio de pocos kilómetros de su propia institución para proveerse de los niños que actuarán como sujetos en sus estudios. Muchos investigadores tienen que llegar a depender casi totalmente de voluntarios. Esto acontece en la psicología humana, en general, y también en la psicología del desarrollo, aunque en este caso es frecuente que los padres acepten tomar parte en proyectos de investigación en interés de sus hijos. No se ha investigado por completo a qué se debe el interés de los padres. Sin duda, algunos simplemente sienten curiosidad de conocer lo que hacen los psicólogos infantiles. Otros pueden aceptar como obligación cívica, por una idea de que es "bueno" ayudar a los científicos interesados en tratar de conocer más acerca de los procesos del desarrollo psicológico. Otros más pueden estar interesados en el desarrollo de sus propios hijos y considerar que su participación en un proyecto de investigación es una oportunidad para ponerse en contacto con un profesional competente con quien puedan discutir sus dudas. Sin embargo, es probable que algunos grupos de la población en general acepten tomar parte en proyectos de investigación con mayor facilidad que otros. Esto a su vez implica que las suposiciones acerca de la representatividad de las muestras resultantes pueden no estar totalmente justificadas.

Este aspecto es probablemente más serio en aquellos estudios en los que se adopta un enfoque longitudinal. En la investigación transversal los individuos son, por lo general, vistos en una sola ocasión. Dependiendo de la naturaleza de la investigación, la sesión de observación o de interrogatorio puede ser más o menos amplia. Sin embargo, no se requiere gran esfuerzo por parte de los sujetos o de sus padres. Por otra parte, en la investigación longitudinal, se le pide a los sujetos que estén disponibles para observación a intervalos regulares durante periodos que pueden comprender desde unos cuantos días o semanas, hasta periodos que se extienden durante varios años. Por ejemplo, en un estudio reciente sobre el llanto y otras formas de comunicación infantil durante el primer año de vida, se adoptó un enfoque longitudinal. La muestra estuvo constituida por veintiséis parejas madre-hijo cuyos hogares eran visitados cada tres semanas durante todo el primer año de vida del niño. Cada visita duraba cuatro horas, durante las cuales el observador anotaba con qué frecuencia lloraba el niño, cuánto tiempo duraba llorando, y cómo reaccionaba la madre ante cada episodio de llanto (Bell y Ainsworth, 1972). Las familias que aceptan tomar parte en la investigación de esta naturaleza y que aceptan de buena gana el nivel de intrusión doméstica que ello implica, posiblemente constituyen una minoría y es factible que difieran en importantes aspectos de la población en general. Las muestras así constituidas pueden, por lo tanto, no ser representativas, quedando restringida la generalización de los datos.

Repetición

El investigador que desea demostrar o verificar la generalidad de sus resultados tiene abierto ante sí cuando menos un camino; éste consiste en volver a hacer todo el estudio en otra muestra independiente de sujetos. Esto es lo que se conoce como **repetición**. Si se obtienen resultados comparables en la segunda ocasión, se refuerza concomitantemente la confianza en su generalidad. Los datos de investigación que son repetidos en dos o más ocasiones independientes, es menos factible que puedan atribuirse a características específicas de la muestra que en el caso de los datos basados en el comportamiento de una sola muestra.

Los procedimientos de repetición resultan realmente factibles en muchos estudios basados en el enfoque transversal. Sin embargo, aunque en la literatura se han reportado varios estudios en los cuales el investigador ha confirmado sus datos por repetición antes de emprender su publicación, esto de ningún modo constituye un procedimiento de rutina. La práctica más común es que el investigador prepare la publicación de sus resultados al terminar su estudio. La razón de ello es que cuando un investigador ha obtenido resultados que son teóricamente significativos es renuente a invertir tiempo y recursos en la repetición del estudio. Además, la publicación de los datos de investigación es en sí misma un tipo de invitación para repetirlos. Así, cuando los datos resultan teóricamente importantes o controvertibles, otros investigadores en ese campo emprenderán la repetición. Por ejemplo, durante las últimas dos décadas se ha estructurado toda una literatura de investigación de manera exclusiva sobre la base de las repeticiones independientes de los datos sobre el desarrollo reportado originalmente por Jean Piaget. Esto no quiere decir que el investigador original no tenga nunca que repetir sus procedimientos en muestras independientes. Muchos datos dudosos no se habrían inmiscuido dentro de la literatura de investigación, si se hubiera efectuado la repetición antes de publicarlos. Por otra parte, la ciencia es una actividad pública y, en último análisis, es la repetición de los resultados de la investigación efectuada por científicos independientes lo que proporciona las pruebas más convincentes de su generalidad.

Si la repetición es rara en la investigación transversal, es casi inexistente en la investigación longitudinal. Las razones de ello son obvias. La investigación longitudinal por sí misma demanda mucho tiempo y su repetición lo duplicaría. Resulta incluso dudoso si un proyecto longitudinal que cubriera toda una vida podría ser formalmente duplicado, debido al cambio en las condiciones ambientales en el periodo que media entre la iniciación del estudio original y el comienzo del estudio de la repetición. Para poner un ejemplo extremo, no nos sorprendería si un estudio longitudinal sobre el desarrollo de neurosis infantil efectuado en cualquier ciudad contemporánea fuera totalmente distinto de un estudio comparable efectuado en la misma ciudad diez años antes. La repetición como un medio para demostrar la generalidad de los datos tiene muy poca utilidad en la investigación longitudinal a largo plazo. Aquí, la generalidad depende de la minuciosidad con que se seleccione la muestra original y el éxito que tenga el investigador en mantener la muestra intacta.

Pérdida de sujetos

Un aspecto primordial de importancia práctica al que se enfrenta el investigador que utiliza un diseño longitudinal, es el de lograr que su muestra inicial se conserve durante todo el tiempo que abarque el estudio. Si la tasa de deserciones de una edad a la siguiente es alta, entonces la muestra final restante estará casi inevitablemente viciada de parcialidad y, por lo tanto, se alterará la generalidad de los resultados. El nombre técnico para la pérdida de sujetos en la investigación longitudinal es **desgaste**. El desgaste se produce por muy diversas razones, incluyendo la pérdida de motivación por parte de los sujetos o sus padres y factores como la movilidad residencial y geográfica. Además, el desgaste no ocurre con base en el azar. Es posible que las personas que pierden interés por participar en un estudio antes de su terminación sean diferentes a las que permanecen en la muestra desde el principio hasta el fin. De igual modo, la movilidad geográfica es mayor en algunos grupos de la población que en otros. Resulta claro que el desgaste puede constituir una molesta fuente de parcialidad en la investigación longitudinal y se deben tomar medidas para reducirlo al mínimo.

En gran parte, la motivación para permanecer en un estudio estará influida por el grado de buena voluntad existente entre los sujetos (o sus padres) y el investigador. Incluso si no se requirieran también por razones humanitarias y sociales, resulta en provecho del investigador hacer todo lo posible por ganar la confianza y la cooperación de los sujetos. Es más factible recibir la continua participación cuando se establecen buenas relaciones y se logran mantener en esta forma.

Es poco lo que cualquier investigador puede hacer para evitar la movilidad geográfica durante el desarrollo de un proyecto longitudinal. En ocasiones, es posible continuar en contacto con sujetos que cambian de domicilio durante el curso de un estudio, pero hay veces en que los sujetos se cambian a un sitio tan distante que resulta impracticable mantenerse en contacto con ellos. Kessen (1960) ha sugerido que los investigadores del desarrollo deben seleccionar los sujetos para estudios longitudinales de entre grupos en los cuales la movilidad geográfica es baja. Sobre esta base, por supuesto, la muestra estará viciada de parcialidad desde un principio, pero lo estaría de manera conocida y el investigador tendría por lo menos mayor probabilidad de obtener datos completos sobre estos sujetos.

Aunque el riesgo de parcialidad por pérdida de sujetos es más evidente en los diseños longitudinales, existe un problema análogo en los estudios transversales, particularmente en la investigación con sujetos muy jóvenes. En la investigación infantil, por ejemplo, los investigadores con frecuencia encuentran que el trabajo con algunos sujetos tiene que ser abandonado debido a que los bebés lloran desconsolados, se duermen o se muestran "poco cooperadores" en algún otro aspecto. Lo habitual en estas circunstancias es que el investigador reporte datos únicamente sobre los sujetos que en realidad completaron el procedimiento; los casos que abandonaron son sacados de la muestra. Se hace lo conveniente, pero por lo general no comprobada suposición, de que si los bebés "poco cooperadores" hubieran sido estudiados en otro momento, su actuación hubiera sido similar a la de los demás sujetos que sí completaron el procedimiento. Los datos obtenidos en un estudio reciente de Lewis y Johnson (1971) sugieren que esta suposición puede ser muy poco válida. Estos autores encontraron que, al volver a efectuar una prueba, había claras diferencias entre la actuación de los bebés que no lograron completar un procedimiento estándar para valorar la atención de la criatura y la de los bebés que lo completaron. En la investigación que comprende lactantes con menos de un año de edad, la tasa de rechazo es probable que sea alrededor del 25%. Si estos bebés son en realidad sistemáticamente diferentes de sus compañeros incluidos en las muestras para investigación, en formas que son importantes de manera directa para las variables dependientes bajo estudio, entonces su eliminación constituye una seria fuente de parcialidad en los estudios del desarrollo temprano. En la actualidad no se sabe qué influencia tenga esta fuente potencial de parcialidad sobre los datos de la investigación, ni se sabe si alguna influencia es constante a través de las distintas edades durante el periodo de la infancia.

Variación extrínseca

Los psicólogos del desarrollo con frecuencia hacen aseveraciones en el sentido de que determinadas conductas varían como función de la edad y después proceden a ofrecer hipótesis acerca del porqué. Por lo tanto, resulta de importancia crítica que la evidencia en apoyo de tales aseveraciones se base en la investigación en la cual la edad es la principal variable que distingue las muestras estudiadas. También es esencial que las muestras no difieran sustancialmente entre sí en su dimensión, la cual debe estar correlacionada con la variable dependiente particular bajo investigación. El problema de controlar la posible contaminación de los resultados por la influencia de **variables extrínsecas** (o sea, otras variables que no sean la o las variables independientes, que pueden también tener consecuencias sobre la variable dependiente), es fundamental en los diseños transversales. Consideremos nuevamente el ejemplo del investigador que está interesado en el desarrollo de los patrones de habla y que adopta un enfoque transversal. Resultaría adecuado que se asegurara de que hubiera una cantidad comparable de niños y niñas en sus muestras de las diferentes edades. Hay muchas diferencias conductuales y psicológicas entre los dos sexos y las niñas son con frecuencia más precoces para el desarrollo de habilidades verbales (véase a Hutt, 1972). Por lo tanto, si todos los sujetos del grupo de tres años en el presente ejemplo fueran niños y los del grupo de cinco años fueran niñas, es posible que hubiera exageración en cualquier cambio en el desarrollo del patrón del habla revelado por el estudio. De manera similar, sería importante que no existieran serias discrepancias en la composición de las muestras por clases sociales en cada nivel de edad. Los niños de diferentes niveles socioeconómicos están sometidos a distintos ambientes lingüísticos y esto influirá sobre el patrón de habla que desarrollen (véase B2). El nivel de desarrollo o intelectual general también tendría que equipararse entre los diferentes grupos de edad, ya que una gran divergencia en este aspecto también podría obviamente oscurecer la naturaleza de cualquier cambio en la conducta del habla relacionado con la edad (Bernstein, 1960).

No siempre es fácil decidir cuáles variables extrínsecas son exactamente las que hay que controlar. Es evidente la necesidad de controlar factores como el sexo, estado socioeconómico e inteligencia general. Sin embargo, con frecuencia hay otras variables que también es necesario tener en cuenta, pero cuya influencia es quizá menos evidente. Por ejemplo, no resulta tan obvio que el orden de nacimiento sea un factor capaz de influir en la conducta de dependencia de los niños pequeños, o sea, el grado con que los niños buscan ayuda, aprobación y afecto de los adultos en su medio. Sin embargo, hay datos que sugieren que el segundo hijo, sea hombre o mujer, exhibe una conducta más dependiente que el primer hijo, el tercero y los hijos posteriores (McGurk y Lewis, 1972). Por lo tanto, en cualquier estudio transversal sobre la conducta de dependencia sería importante controlar los posibles efectos del orden de nacimiento. En último análisis, el control efectivo de la variación a causa de fuentes extrañas en la investigación sobre el desarrollo dependerá de la perspicacia que el investigador aplique al problema en estudio y de su habilidad para identificar aquellos factores que, además de la edad, pueden influir sobre el comportamiento de los individuos seleccionados para la investigación.

Al recalcar la necesidad de controlar la influencia de las variables extrínsecas hay el riesgo de crear la impresión de que el psicólogo del desarrollo está interesado **únicamente** en los cambios de la conducta relacionados con la edad y que el tipo de factores que hemos señalado como fuentes extrínsecas de variación son simplemente variables molestas que el investigador preferiría no tener que enfrentarse con ellas. Esto está muy lejor de ser así. De lo que se trata es de recalcar que la edad no es un concepto explicativo para ningún fenómeno psicológico. Tampoco lo son el sexo, el orden de nacimiento o el estado socioeconómico. Al mismo tiempo, puede ampliarse la comprensión de los procesos básicos del desarrollo mediante la investigación sistemática de las diferencias conductuales entre niños y niñas o entre muchachos que difieren en el orden de nacimiento o en sus antecedentes socioeconómicos. Hay muchos reportes en la literatura en los que la edad ha sido la misma y en los cuales el sexo, el estado socioeconómico o alguna otra diferencia entre grupos de niños ha sido considerada como la variable independiente. Además, hay muchos estudios en los que —lo mismo que la edad— se incluye al sexo, orden de nacimiento, estado socioeconómico y otros factores similares como variables independientes en el diseño de la investigación. En el ejemplo sobre el patrón del habla que ya hemos discutido, el investigador podría haber incluido grupos independientes de niños y niñas en los tres niveles de edad estudiados, haciendo seis submuestras en total. En esta forma, hubiera sido posible valorar las diferencias debidas al sexo tanto dentro de cualquier grupo de edad como entre diferentes grupos de edad y, por lo tanto, examinar las diferencias entre niños y niñas en términos de cambios del desarrollo. Sin embargo, en tales estudios continúa siendo tarea del investigador asegurarse de que otras fuentes extrañas de variación entre las muestras son adecuadamente controladas.

La comparabilidad de las muestras que son estudiadas a diferentes edades constituye un problema menor para el investigador que adopta una estrategia longitudinal. Como los mismos sujetos se observan en ocasiones repetidas, es razonable suponer que la influencia de variables extrínsecas permanecerá, relativamente constante de una edad a otra. De manera esencial, en un diseño longitudinal cada sujeto se compara con él mismo en etapas previas y posteriores de su desarrollo. Debido a ello, los cambios observados son atribuibles a modificación en el funcionamiento psicológico relacionado con la edad en vez de a otras fuentes externas de variación. Esta es una de las principales ventajas del enfoque longitudinal.

Efectos de la instrumentación

Un riesgo recurrente en la investigación psicológica en general, es que el comportamiento que nos interesa puede ser modificado por el mismo hecho de observarlo y registrarlo. Consideremos el estudio de la conducta del llanto del lactante hecho por Bell y Ainsworth (1972) y al cual ya nos hemos referido. Aunque las madres en el estudio probablemente llegaron a acostumbrarse a la presencia del observador durante cada visita de cuatro horas, es probable que haya habido muchas ocasiones en que alguna de ellas se sintió cohibida por la presencia del observador para responder al llanto de su bebé en forma normal. Además, es inevitable que en el curso del contacto prolongado con el observador muchas madres se hayan percatado de las propias actitudes y valores del observador con respecto a la forma de tratar al niño y esto, a su vez, haya influido sobre la conducta materna. La modificación de la conducta como consecuencia del procedimiento empleado para valorarla ha sido llamada algunas veces **efecto de la instrumentación**, o sea, el efecto del instrumento medidor sobre el fenómeno que se está midiendo.

Los efectos de la instrumentación pueden presentarse en diversas formas y constituir problemas tanto en el diseño transversal como en el longitudinal, pero probablemente son un mayor riesgo en este último. En los diseños transversales cada sujeto es evaluado sólo una vez. Aunque pueden presentarse efectos instrumentales, es factible que sean bastante constantes a través de los grupos de edad, de modo que las diferencias observadas entre los grupos pueden ser atribuidas a diferencias en la edad. Sin embargo, en algunos estudios longitudinales, la influencia de los efectos instrumentales puede ser acumulativa y, por lo tanto, las diferencias observadas de una edad a la siguiente resultan artificiosas. En un estudio reciente del funcionamiento cognoscitivo general durante la adolescencia, a muestras de sujetos entre las edades de doce a dieciséis años se les aplicó la misma batería de pruebas de inteligencia en dos ocasiones separadas por un intervalo de un año. En todas las edades hubo importante mejoría entre la primera y la segunda pruebas. Parecía, por lo tanto, que se había efectuado algún cambio en la función cognoscitiva durante el año transcurrido. Sin embargo, mediante el análisis de los datos de la prueba derivados de grupos control a los cuales se había examinado una sola vez, los investigadores encontraron que, en todas las edades, el incremento en la puntuación de las pruebas se debió a efectos de la reaplicación. Es decir, la puntuación mejorada de la segunda administración se atribuyó principalmente a que los sujetos habían presentado la misma prueba un año antes (Labouvie, Bartsch, Nesselroade y Baltes, 1974). No todas las investigaciones longitudinales comprenden medidas que sean sensibles a la repetición de la prueba en esta forma. Por otra parte, dado que una muestra a la que se le ha practicado una vez la prueba es hasta cierto grado diferente de una muestra nunca estudiada previamente, los investigadores que utilicen el enfoque longitudinal deberán evitar en forma constante la contaminación de los resultados por este efecto de instrumentación en particular.

¿Transversal o logitudinal?

Después de haber comparado algunas de las características prácticas y formales de los diseños transversal y longitudinal, queda ahora por considerar lo apropiado de ambos diseños a determinados tipos de problema de investigación.

Tendencias de grupo o diferencias individuales

Casi no hay duda de que el amplio campo del cambio en el funcionamiento psicológico a causa del desarrollo puede valorarse de manera más eficaz en estudios transversales bien diseñados. El estudio transversal resulta recomendable en particular, en las investigaciones para explorar nuevas áreas. Dentro de un periodo relativamente breve es posible determinar las tendencias generales e identificar aquellos periodos durante los cuales el cambio resulta ser más rápido y que, por lo tanto, vale la pena estudiar en forma más intensa. El hecho de que las tendencias de grupo sean fácilmente identificadas en esta forma constituye a la vez la fuerza y la debilidad del enfoque transversal. Al final de tal estudio puede uno describir la naturaleza de las diferencias entre grupos de niños de distinta edad. Utilizando procedimientos transversales también es posible establecer normas de edad para determinado fenómeno del desarrollo, lo cual puede usarse como base para comparar la actuación de un individuo con la de sus semejantes. Sin embargo, es relativamente poco lo que puede decirse sobre la naturaleza de las diferencias individuales en el crecimiento y el cambio. No es posible determinar por técnicas transversales si un niño en particular muestra el mismo progreso en su desarrollo que el reflejado por las diferencias entre los grupos de edades, ni se sabrá, si el niño que muestra precocidad de desarrollo en una edad la seguirá manteniendo en etapas posteriores. Para poder contestar a estas preguntas se requiere un enfoque longitudinal. Sólo comparando cada niño con él mismo en puntos previos y posteriores de su desarrollo, es posible descubrir diferencias individuales en su progreso. Además, al examinar las condiciones antecedentes que causaron estas diferencias individuales, el investigador puede contribuir a un mejor conocimiento de los procesos básicos del desarrollo.

Cambios por la edad o patrones de desarrollo

Cuando se grafican los datos obtenidos en la investigación transversal en relación con la edad, pueden obtenerse curvas que sugieran que el desarrollo es un proceso de cambio lento y gradual. Aunque esto resulta indudablemente cierto en muchos aspectos del desarrollo, no es de ningún modo cierto en todos y hay varios importantes fenómenos del desarrollo en donde los datos transversales crean un cuadro falso del proceso subyacente. Por ejemplo, un estudio transversal del desarrollo de temor a los extraños durante el primer año de vida sugeriría que dicho temor tiene un principio gradual, probablemente alrededor de los cinco meses, y que su frecuencia aumenta en forma lenta pero marcada durante los meses subsecuentes; en otras palabras, la probabilidad de que determinado niño manifieste ansiedad ante los extraños aumenta con la edad durante el primer año de vida. Esta aseveración es cierta hasta aquí, pero encubre otro hecho bastante importante acerca del temor a extraños que fue puesto de manifiesto en un estudio longitudinal del desarrollo social efectuado por Schaffer y Emerson (1964; véase también a Schaffer, 1971). Estos investigadores visitaron a los niños en sus hogares a intervalos mensuales y efectuaron mediciones en la fijación social de las criaturas (madres, padres, hermanos) así como de su respuesta a personas no familiares. Se encontró que el temor a los extraños fue en realidad bastante súbito, mostrando la criatura en particular poca evidencia de ensiedad ante los extraños durante una visita, pero presentando marcadas respuestas de temor en la siguiente visita cuatro semanas después. Además, aunque hubo diferencias individuales en la edad del comienzo de dicha ansiedad (la edad modal fue de ocho meses), en la mayoría de los casos el temor a los extraños se hizo evidente aproximadamente un mes después de que el niño había mostrado una conducta específica de fijación discriminada hacia determinado individuo en su ambiente. Por lo tanto, el temor a los extraños emerge como un fenómeno de principio rápido y ocurre aproximadamente un mes después de otro hecho crítico en el desarrollo social de la criatura. Los enfoques transversales, por lo general, no proporcionan información sobre esta característica y cuando los aspectos de la investigación se centran alrededor de la rapidez y forma del desarrollo individual resulta preferible el método longitudinal.

Consecuencias del desarrollo

Hay algunos aspectos importantes en la psicología del desarrollo donde la naturaleza de las variables independientes casi exige un enfoque longitudinal. Entre ellos están asuntos como el efecto del adiestramiento en los hábitos de eliminación de excreta sobre el desarrollo posterior de la personalidad, la relación entre la conducta social posterior y la conducta de fijación infantil, la relación entre la dependencia en la primera infancia y la dependencia en la edad adulta, y las diferencias que existen en la personalidad adulta entre los individuos que se desarrollaron en forma precoz y tardía. En tales casos, el investigador no puede decir por observación directa si un sujeto de mayor edad fue adiestrado en forma leve o severa en la eliminación de sus excreta, si tuvo nexos leves o fuertes en la infancia o si se desarrolló en forma rápida o lenta. Por lo tanto, no puede establecer muestras con criterios independientes a niveles sucesivos de edad a fin de explorar las secuelas de desarrollo de estas diferencias iniciales. En vez de ello, tiene que observar a los sujetos durante su tierna infancia y evaluarlos sobre la variable independiente que sea de interés en particular. Sobre esta base, pueden establecerse grupos bajo determinado criterio, los cuales pueden seguirse longitudinalmente a fin de determinar la influencia de estas diferencias iniciales sobre la conducta posterior. Todos los ejemplos ya señalados comprenden lo que Kessen (1960) ha llamado "signos perdidos", con lo cual quiere dar a entender que con variables independientes como las discutidas el investigador no puede determinar, por observación directa en alguna etapa posterior, las características de su población en una etapa previa. El enfoque transversal es inadecuado cuando intervienen "signos perdidos".

En la investigación que comprende "signos perdidos" hay una alternativa de la observación directa que puede emplear el investigador. Por ejemplo, en un estudio sobre la influencia de la experiencia en el adiestramiento para la eliminación de excreta sobre la personalidad posterior, el investigador puede aplicar una prueba de personalidad a una muestra de adultos jóvenes y después obtener información acerca de su adiestramiento para la eliminación de excreta a través de un informe materno. El ahorro de tiempo que permite este procedimiento es muy considerable; puede reunirse gran cantidad de información y no hay necesidad de esperar a que el individuo crezca. Además, como las madres pasan con sus hijos las veinticuatro horas del día, tienen acceso a una gran cantidad de información que por lo general no está disponible al investigador, aun en los casos en que es posible la observación directa. Es por ello que con frecuencia se utilizan los informes maternos para suplementar la información obtenida por otros conductos.

No obstante, como sería de esperarse, se presentan muchos problemas cuando se emplea el informe retrospectivo como sustituto de la observación directa. Puede haber parcialidad en la información contenida en dichos reportes, la cual puede manifestarse en formas muy diversas. En primer lugar, entran en juego los efectos distorsionantes de la memoria y es factible que aumenten en relación con el tiempo transcurrido desde que acontecieron los hechos (véase A5). Además de las fallas completas de la memoria, una madre puede distorsionar inadvertidamente sus recuerdos de determinado acontecimiento a la luz de su percepción del subsecuente desarrollo del niño o a causa de un cambio subsiguiente en sus propios valores y actitudes. En segundo lugar, la naturaleza emocionalmente cargada de algunos tópicos puede constituir una fuente de parcialidad. Una cosa es preguntar a una madre a qué edad caminó o sonrió por primera vez su hijo y otra muy distinta es preguntarle cómo respondió el niño al destete o al adiestramiento para la eliminación de excreta, o cómo respondió la madre a la iniciación de la sexualidad en el hijo. Estos tópicos se refieren a periodos en el desarrollo del niño en los cuales la madre tiene una gran participación emocional y su recuerdo puede estar influido por cualquier conflicto que ella experimentara sobre tales aspectos lo mismo que por la conducta del niño. En tercer lugar, cada madre tiene sólo una limitada experiencia de la niñez y un limitado círculo de amigos con experiencias similares. Por lo tanto, su comprensión de las normas conductuales puede ser muy restringida. En consecuencia, una impresión errónea de lo que constituye "el promedio", puede influir en su valoración de la conducta del hijo en importantes detalles y esto también puede constituir una fuente de parcialidad en los reportes maternos.

Las madres son una fuente de información rica e importante acerca del desarrollo de sus hijos. No obstante, es claro que el confiar exclusivamente en los informes maternos constituye un mal sustituto para la observación directa de la conducta. Sin embargo, los informes maternos son muy recomendables como un medio para complementar la información obtenida por observación directa. En tales casos, y aún más en aquellos en los que el informe materno es la principal fuente de información, corresponde al investigador valorar la confiabilidad del informe materno, comparándolo, al menos, con la información similar obtenida en forma independiente de otro adulto en el ambiente del niño.

Frecuencia de los diseños longitudinal y transversal

De lo que ya se ha dicho, ha quedado claro que la principal ventaja del enfoque transversal sobre el longitudinal es el ahorro de tiempo. Por lo tanto, no debe sorprender que en la investigación del desarrollo se empleen diseños transversales con mucho mayor frecuencia que los diseños longitudinales; por ejemplo, el ejemplar de junio de 1974 de la revista **Child Development** contiene cuarenta y seis informes de investigación. Sólo tres de ellos se refieren a estudios en los que se empleó un diseño longitudinal. Del resto, veintiséis utilizaron diseños transversales y en diecisiete estudios el foco principal se centró sobre variables diferentes a la edad del sujeto, como sexo, cultura, clase social, técnicas de adiestramiento, personalidad y otras variables manipuladas experimentalmente. La cantidad de estos diecisiete estudios efectuados a una sola edad dan testimonio del interés que tienen los psicólogos del desarrollo en variables distintas a la edad. Por otra parte, es evidente que la mayor parte de nuestro actual conocimiento sobre los cambios en el desarrollo relacionados con la edad se basa en estudios transversales en los cuales los sujetos son vistos en una sola ocasión. Hay muchos psicólogos del desarrollo que lamentan este hecho.

4
Métodos de Investigación en Psicología del Desarrollo

Tanto en la investigación transversal y la longitudinal como en los estudios de investigación en los cuales la edad no figura como variable, se han empleado diversos procedimientos en la investigación de los fenómenos del desarrollo. Sin embargo, la vasta mayoría de ellos pueden considerarse variaciones o adaptaciones de cuatro metodologías básicas. Estos son los métodos de observación natural, observación controlada, de laboratorio e investigación experimental, y pruebas estandarizadas. Examinaremos las características generales de cada método junto con una breve discusión de su aplicación a diferentes tipos de problemas de desarrollo. Estos métodos difieren entre sí en el grado de control que se ejerce sobre el ambiente inmediato del sujeto y en la gama de conductas observadas y registradas por el experimentador.

Observación natural

El método de la observación natural comprende el estudio de la conducta espontánea y natural de los niños en el ambiente de su vida diaria. No se usa ningún aparato, excepto los dispositivos de registro empleados por el investigador, ni se efectúa ninguna manipulación de la conducta del niño. El investigador simplemente escoge a uno o varios niños para observarlos, selecciona su puesto de observación, describe el contexto en el cual se va a observar la conducta y registra lo que acontece. El registro se puede hacer mediante notas en taquigrafía o comentarios grabados en cinta magnetofónica, o puede implicar el uso de equipo de cine o videotape.

Se pueden emplear los métodos observacionales para obtener datos descriptivos de la historia natural del desarrollo de la conducta de los niños a diferentes edades o pueden utilizarse para valorar cómo cambia la conducta espontáneamente en distintos ambientes. El objetivo de la atención del investigador puede ser toda la corriente de la conducta a medida que se va haciendo patente; también puede estar interesado sólo en la presentación de ciertas conductas específicas. Asimismo, el investigador puede observar y registrar la conducta en episodios continuos, o bien, efectuar los registros sólo durante intervalos breves y repetidos.

A la luz de estas diferentes aplicaciones pueden identificarse cuatro grandes aplicaciones distintas del método de la observación natural. La primera de ellas, el método de la **descripción diaria**, ya ha sido citado. Aquí, el observador —por lo general, uno de los padres u otro adulto cercano, en contacto regular con el sujeto— lleva un registro biográfico. Obviamente, no puede registrarse en un diario "toda" la conducta del sujeto. Más bien, quien lleva el diario anota los cambios de conducta y la iniciación de nuevos comportamientos en el curso del desarrollo. Los registros diarios son frecuentemente criticados como un método poco confiable e ineficaz para obtener datos sobre los procesos del desarrollo. Sin embargo, Wright (1960) ha hecho una inspirada defensa de las descripciones diarias como un medio válido de registrar la continuidad del desarrollo durante periodos prolongados. Gran parte de la importante contribución de Piaget a la psicología del desarrollo se basa en un meticuloso registro diario sobre el desarrollo de sus propios hijos (aunque Piaget con frecuencia variaba y manipulaba el ambiente de sus hijos en el curso de sus observaciones).

En la **descripción de especímenes** el foco del investigador se centra sobre algún segmento claramente delineado de la vida del sujeto y se registra lo más posible de la conducta que ocurre dentro de dicho segmento. Aquí, el interés reside en proporcionar una narración intensiva y detallada de la conducta en determinado momento y dentro de un contexto en particular. La descripción resultante se considera como una muestra de la conducta, de donde se deriva el nombre del método. Por lo tanto, pueden proporcionarse descripciones de especímenes de la conducta del niño en su hogar durante los minutos que preceden al irse a dormir, o de la conducta del niño durante todo un día; un buen ejemplo de esto último es **One Boy's Day,** por Barker y Wright (1951). La función de la descripción de especímenes es proporcionar un registro preciso y perdurable de la conducta espontánea en su ambiente natural. La información así proporcionada puede estudiarse interpretativamente o cuantitativamente. Wright (1960) proporciona una detallada descripción de los métodos de análisis que pueden emplearse con la descripción de especímenes.

Las descripciones diarias y la descripción de especímenes difieren en la cantidad de detalles con que se efectúa el registro, pero con ambos métodos toda la conducta del sujeto es de interés. Sin embargo, en el **muestreo de acontecimientos** sólo se registra un tipo particular de conducta. Por otra parte, esta conducta, junto con la información acerca de su ambiente, se describe con gran detalle desde el principio hasta el fin del episodio dentro del cual ocurre. Como con los otros dos métodos hasta ahora expuestos, se describe también la conducta de otras personas importantes en el medio, cuando afecta al sujeto en estudio. De este modo, se registran todos los acontecimientos conductuales dentro de límites temporales determinados naturalmente.

El muestreo de acontecimientos es uno de los métodos de observación natural más poderosos al proporcionar información detallada sobre la presentación natural de fenómenos conductuales específicos. Del análisis de estos registros es posible determinar la frecuencia con que ciertas conductas se presentan espontáneamente y también llegar a conocer mejor los antecedentes y las consecuencias de la conducta en cuestión. En el estudio de Bell y Ainsworth (1972) sobre el llanto del lactante, al que nos hemos referido en un capítulo previo, se empleó un procedimiento de muestreo de acontecimientos. El acontecimiento muestreado fue la respuesta de la madre a cada uno de los episodios de llanto de la criatura durante el periodo de observación de cuatro horas. Con base en sus datos, Bell y Ainsworth encontraron que los bebés que recibieron inmediata atención de sus madres, siempre que lloraron durante sus primeros meses de vida, lloraban menos al año de edad que los bebés cuyas madres tardaban en responder al llanto de su hijo en esos primeros meses. Además, se encontró que los bebés cuyo llanto en los primeros meses había despertado la atención inmediata presentaban una vocalización más variada que los otros bebés. Goodenough (1931) usó una técnica de muestreo de acontecimientos para estudiar la presentación espontánea de agresión en los niños pequeños. En este estudio, las observaciones básicas fueron hechas por los padres de los niños. Se prepararon notas detalladas describiendo los casos de conducta agresiva cuando éstos se presentaban en la vida diaria del niño. Al analizar los registros así obtenidos, Goodenough pudo identificar importantes diferencias en la naturaleza de la conducta agresiva manifestada por los niños de diferente edad, y en la forma en la que los parientes respondían a los episodios agresivos de niños pequeños y mayores.

Muestreo en el tiempo es el nombre que se le da al procedimiento en el que el investigador observa al sujeto durante periodos breves pero repetidos. El número y duración de los periodos de observación y la longitud del intervalo entre cada periodo se escogen a fin de asegurarse muestras en el tiempo razonablemente representativas de la conducta de interés. Por ejemplo, Heathers (1955) llevó a cabo un estudio sobre la conducta de dependencia en niños entre dos y cinco años de edad y en quienes se empleó un procedimiento de muestreo en el tiempo. Se observó a los niños durante sesiones de juego libre en una guardería; cada niño fue observado individualmente en más de cincuenta ocasiones durante un periodo de tres semanas. Las sesiones de observación duraban tres minutos, durante los cuales se registraba cada incidente con el que el niño trataba de llamar la atención, buscar afecto o aprobación, ya fuera del maestro o de otro niño del grupo. Se registraron también varias otras conductas, pero uno de los hechos principales fue que al aumentar la edad disminuía la dependencia de los adultos mientras que aumentaba la dependencia hacia los niños de su grupo.

El muestreo en el tiempo es el método de observación usado con más frecuencia en estudios de desarrollo. Disfruta claramente de considerables ventajas frente a otros métodos en términos del tiempo empleado en la observación básica. En vez de observar a un solo sujeto durante periodos prolongados, el observador puede pasar sistemáticamente de un niño a otro a intervalos sucesivos. Es, por lo tanto, un método bastante económico y eficiente de reunir datos sobre la conducta de los niños en su ambiente natural. Sin embargo, el método ha sido criticado sobre la base de que al final de un estudio de muestreo en el tiempo tiene uno solamente una serie de fragmentos conductuales. Falta la continuidad de la conducta. Wright (1960) capta la esencia de esta crítica cuando señala que "El esquema típico de muestreo en el tiempo es una serie de fogonazos sobre una corriente conductual que de otra manera fluye en la oscuridad". Aunque hay cierto grado de justificación para este comentario, resulta sin embargo que las técnicas de muestreo en el tiempo han sido empleadas con éxito para identificar cambios cualitativos y cuantitativos relacionados con la edad en una gran diversidad de fenómenos conductuales de presentación natural.

La principal atracción de los diversos métodos de observación natural es su alto grado de evidente validez. En último análisis, el objetivo del psicólogo infantil es comprender y explicar el desarrollo de la conducta espontánea que los niños de diversa edad manifiestan en los ambientes de la vida diaria. Como señala Bronfenbrenner (1974), el interés primordial es la explicación de la conducta del niño dentro del contexto de su **"ambiente permanente total"** (que comprende el hogar, amigos, vecindario, escuela, y que se amplía para comprender aspectos de administración social y gobierno que inciden sobre el desarrollo del niño). Los métodos de observación natural parecen idealmente adecuados al estudio de la interacción entre el niño y diferentes aspectos de su ambiente permanente total, y del resultado de estas interacciones en términos de su influencia sobre el desarrollo psicológico del niño. Con frecuencia se censura a muchos estudios psicológicos considerándolos artificiales; Bronfenbrenner, en el trabajo ya citado, argumenta que gran parte de nuestro conocimiento sobre los procesos del desarrollo se basa en estudios de niños en situaciones extrañas, acompañados de adultos extraños, a consecuencia de lo cual gran parte de la conducta observada resulta atípica. Los estudios basados en métodos de observación natural están libres **prima facie** de tales críticas. En ellos, el foco se centra sobre la conducta "real" en situaciones "reales".

No obstante, los métodos de observación natural tienen diversas dificultades inherentes. En primer lugar, la fuerza de este método —el hecho de que ningún artificio de procedimiento se interpone entre el niño y su conducta espontánea— es también su mayor debilidad, pues por definición, el observador no interviene en ningún momento en la multitud de variables que influyen sobre la conducta del niño. Aunque la secuencia de la conducta puede ser fielmente preservada, muchas **veces** el investigador sólo puede conjeturar cuál variable o combinación de variables, de entre las múltiples alternativas, ejerce una influencia causal sobre la conducta observada. Para comprender las variables que controlan la conducta, se requiere cierto control sobre las variables mismas. Las técnicas de observación proporcionan un poderoso enfoque para el estudio de la conducta en su contexto; son menos eficaces cuando se trata de descubrir relaciones causales.

Observación controlada

Los métodos de observación también pueden aplicarse al estudio de la conducta espontánea de los niños en condiciones en las que se ejerce cierto grado de control sobre el ambiente en el cual se observa la conducta. La principal ventaja de la observación controlada es que el investigador puede limitar la influencia de la variación extrínseca sobre la conducta en cuestión. También es posible introducir deliberadamente variación en el medio y valorar el efecto de ésta sobre la conducta en estudio. En condiciones controladas de observación, por lo general, es posible que el observador esté oculto, por ejemplo, detrás de un espejo para observación en un sentido; de este modo se eliminan las posibles influencias del observador sobre la conducta. Dos ejemplos bastarán para ilustrar la diferencia esencial entre métodos de observación natural y controlada.

En un estudio del efecto de la frustración sobre la regresión en niños de guarderías, los investigadores observaron primero a sus sujetos jugando de manera espontánea con materiales estándar de la guardería —bloques de madera, muebles de juguete, papel, crayones, etc.— Se hizo un registro de lo constructivo y original del juego de los niños. Al final de este periodo, se llevó a los niños a un salón anexo que contenía una selección de juguetes nuevos, elaborados excitantes y atractivos. Después de un periodo de juego con estos nuevos juguetes se pasó a los niños al otro extremo del salón donde estaban únicamente los viejos materiales familiares; se colocó una alambrada que permitía que los juguetes atractivos permanecieran a la vista pero quedando inaccesibles. Se observó otra vez la conducta de juego espontánea de los niños en su aspecto constructivo y original. Se notó una marcada reducción en el nivel de madurez del juego; por ejemplo, mientras que en el periodo de juego inicial se utilizaron los bloques para construir cosas, después de la exposición a los juguetes atractivos los bloques fueron empleados como objetos para aventar. Esta regresión a formas más primitivas de conducta fue atribuida a la frustración de verse impedidos de acercarse a los juguetes más atractivos (Barker, Dembo y Lewin, 1943).

La reacción infantil a situaciones extrañas y personas no familiares es, con frecuencia, estudiada por técnicas de observación controlada. De modo típico, se introduce a una madre con su bebé a un cuarto equipado con dispositivos de observación en un sentido. Se le proporciona una silla a la madre y el bebé se coloca inicialmente en el suelo; en toda la habitación hay juguetes de guardería distribuidos sobre el piso. Desde atrás de un espejo de observación se puede observar y registrar la conducta exploradora de la criatura. En estas condiciones el investigador puede ponerse de acuerdo con la madre para que, a determinada señal, salga de la habitación momentáneamente, dejando al niño solo en el ambiente no familiar. Asimismo, un extraño puede entrar a la habitación estando o no presente la madre. Se registra de manera continua la conducta del niño, siendo de este modo posible observar la influencia de estas modificaciones sobre la actividad exploradora. En estos estudios se ha observado que la presencia de la madre tiene un efecto facilitador sobre la conducta exploradora del niño, mientras que la presencia de un extraño tiene efecto inhibidor (véase, por ejemplo, Ainsworth y Wittig, 1969).

La descripción de especímenes, el muestreo en el tiempo y el muestreo de acontecimientos son procedimientos de registro empleados en estudios de observación controlada. El método tiene, por lo tanto, mucho en común con la observación natural y comparte muchos de sus atractivos, en especial, su énfasis en la conducta espontánea. Además, debido a la posibilidad de regular las variables ambientales, el método de la observación controlada permite que el investigador pueda hacer aseveraciones más confiables acerca de la influencia de determinados factores sobre la conducta del sujeto. Por el lado contrario debe hacerse notar que, como el ambiente en el cual se hacen las observaciones controladas casi siempre no es familiar al sujeto, la conducta observada puede, hasta cierto grado, ser atípica y, por lo tanto, los hallazgos pueden ser de aplicación restringida. Sin embargo, como las críticas de este tipo tienen incluso más fuerza cuando se aplican a los métodos experimentales en el desarrollo infantil, serán discutidas dentro de ese contexto.

Investigación experimental

En la investigación experimental de los procesos del desarrollo hay mucho mayor control sobre el ambiente inmediato del sujeto y una marcada reducción en la amplitud de la conducta registrada en un estudio. Hay también un aumento en la precisión con que se miden los cambios en las variables independientes y dependientes. Estas se definen con claridad en términos objetivos y de manera tal que facilita su cuantificación. Siempre que sea posible, los procedimientos de registro y medición serán totalmente automatizados.

En la psicología del desarrollo, como en otras ramas de la investigación científica, se efectúan experimentos para investigar posibles relaciones causales entre determinado fenómeno (variable dependiente) y uno o varios factores más (variables independientes). Se trazan entonces las condiciones en las que la variable dependiente puede ser observada y medida con facilidad y en las que se pueda introducir la variable independiente en forma controlada. **Si las demás variables de importancia se mantienen constantes,** los cambios resultantes en la variable dependiente pueden atribuirse a cambios en la variable independiente. Es obvio, por lo tanto, que el control es la esencia del experimento; para poder demostrar una relación causal entre la variable independiente A y la variable dependiente B, no debe variar ningún otro factor que pudiera influir a B cuando se está manipulando a A.

El grado de control ambiental requerido en cualquier experimento dependerá en gran parte de la naturaleza de la variable dependiente en estudio. Por ejemplo, la respuesta en la frecuencia cardiaca es una variable dependiente empleada a menudo en estudios de aprendizaje y atención infantil. Es relativamente fácil de medir; pueden fijarse pequeños electrodos a la caja torácica del bebé y conectarlos a un aparato adecuado para obtener un registro permanente. Además, la frecuencia cardiaca tiene ciertas características conocidas; tiende a disminuir cuando el bebé está atento a un estímulo auditivo o visual y a aumentar, cuando se presenta bruscamente un estímulo. Puede usarse, por lo tanto, como una variable dependiente en estudios de discriminación auditiva y visual en el niño y en experimentos de condicionamiento clásico. Sin embargo, la frecuencia cardiaca del niño también es influida por factores como el cambio en la temperatura ambiental o en la estimulación cinestésica, objetiva y olfativa. Por lo tanto, en los estudios en los que se emplea la respuesta en la frecuencia cardiaca como variable dependiente, se requiere gran cantidad de control sobre factores ambientales como la luz, sonido, temperatura y quizá también los aromas.

Debido al nivel de control a veces requerido, muchos estudios experimentales en la psicología del desarrollo se basan en el laboratorio. No hay nada siniestro o romántico en un laboratorio psicológico. En su forma más sencilla, un laboratorio es simplemente un espacio dentro del cual el investigador puede ejercer control sobre variables importantes —independientes y extrínsecas— con mayor facilidad que en otros sitios.

No toda la investigación experimental necesita ser conducida dentro de un contexto de laboratorio. Cuando la cantidad requerida de control ambiental es relativamente escasa, quizá baste contar con una habitación tranquila. Por ejemplo, en un estudio de la percepción de un niño pequeño sobre la similitud entre figuras con distinto color, tamaño y orientación, se adoptó un procedimiento experimental. Los niños fueron sometidos a la prueba en forma individual y el sujeto y el experimentador se sentaron lado a lado en una pequeña mesa en el interior de una oficina. Se colocó en la mesa frente al sujeto el dibujo de una figura estándar, representativa o abstracta y se le pidió la examinara cuidadosamente. Después, en forma consecutiva, se colocaron también sobre la mesa diferentes pares de figuras de comparación. Cada una de éstas tenía la misma forma que la figura estándar, pero algunas de ellas diferían en tamaño, color, orientación o alguna combinación de estos factores. La variable independiente fue la dimensión en la cual las figuras de comparación diferían de la estándar; la variable dependiente fue el juicio verbal del sujeto sobre la relativa similitud entre la figura estándar y cada figura de comparación. Como era poco factible que otras variables aparte de las manipuladas en los dibujos influyeran en la respuesta del sujeto, no se ejercitó control adicional. Con los resultados de este experimento fue posible llegar a la conclusión que para los niños preescolares la orientación es una característica menos sobresaliente en una forma bidimensional que su tamaño o su color (McGurk, 1972).

El campo del aprendizaje infantil proporciona muchos ejemplos de la rigurosa técnica experimental aplicada a los problemas de la psicología del desarrollo. Por ejemplo, Millar (1972) llevó a cabo un estudio de condicionamiento, operante en lactantes entre cuatro y ocho meses de edad. Los sujetos fueron colocados en una silla reclinada para bebé, viendo un tablero con múltiples luces indicadoras de color brillante. Se montaron sobre el tablero un par de bocinas amplificadoras en miniatura. Se amarró a cada una de las muñecas del bebé un cordón cuyo extremo estaba conectado a un dispositivo interruptor, de modo que, bajo ciertas condiciones, siempre que el niño jalaba un cordón hasta la tirantez, las luces parpadeaban rápidamente durante más o menos medio segundo, y los amplificadores emitían una serie de zumbidos de la misma duración. Estas percepciones constituían el reforzador. El experimentador podía variar la condición del aparato; bajo una condición el reforzador era emitido sólo cuando el bebé movía su brazo en un arco suficientemente amplio para estirar el cordón. El aparato era del todo automático, incluyendo el registro de las respuestas del bebé. El procedimiento fue por completo objetivo y la interacción entre sujeto e investigador fue mínima. Efectuado en las condiciones controladas de un ambiente de laboratorio, éste fue en lo esencial un estudio de un aspecto reducido, definido con claridad y objetivamente medido de la conducta de un bebé al interactuar con una máquina electrónica. El estudio proporciona un ejemplo de técnica experimental muy elegante.

La variable dependiente en el estudio de Millar fue la frecuencia con que la criatura movía el brazo durante treinta segundos del procedimiento experimental. La variable independiente fue la disponibilidad de reforzamiento. Con sus resultados Millar fue capaz de demostrar de manera concluyente que la respuesta de mover el brazo estaba bajo el control del estímulo reforzador. Cuando no se disponía de reforzamiento, el movimiento del brazo era poco amplio; cuando se arregló el aparato de modo que las luces parpadearan y los altavoces zumbaran en forma interminente independientemente de lo que el bebé hiciera, el movimiento del brazo también fue escaso. Sin embargo, cuando el reforzamiento se efectuó siempre tras de la respuesta del bebé, la frecuencia del movimiento del brazo aumentó notablemente; además, se pudo aumentar o disminuir dicha frecuencia cambiando el aparato de una condición a otra. En otras palabras, los niños de la muestra de Millar habían aprendido cómo hacer parpadear las luces y también aprendieron a discriminar entre las condiciones cuando las luces y el sonido estaban bajo su control y cuando no lo estaban. Sobre la base de sus observaciones, Millar pudo hacer inferencias acerca de los procesos implicados en el aprendizaje infantil.

No hay duda de que los estudios experimentales nos dicen mucho acerca de la conducta del niño en condiciones de regularidad y de uniformidad. No obstante, otra cosa es si nos dicen mucho acerca de la conducta del niño en el mundo real donde es raro encontrar tal regularidad y uniformidad. Por ejemplo, por lo que respecta al aprendizaje infantil, las relaciones de la vida real entre estímulos y respuestas son mucho más variables y complejas que las que se obtienen en el laboratorio. Los refuerzos disponibles al niño varían de una a otra ocasión y las experiencias de aprendizaje y discriminación no están organizadas sistemáticamente. En la investigación experimental, las variables se estudian en forma pura y simple, y la relación encontrada no puede ser aplicable a la situación de la vida real del niño.

El investigador orientado hacia la experimentación no carece de respuesta a esta crítica de la aparente artificialidad de sus procedimientos. Básicamente, su posición es que, aunque es posible que la conducta del niño pueda ser más que la suma de las partes en las cuales se le puede analizar, es mejor dejar esta suposición a un lado, hasta que se haya hecho un cuidadoso examen de las partes. Así, a pesar de que rara vez se encontrará el niño frente a una variable actuando en forma pura y simple en el ambiente natural de la vida diaria, la información obtenida del estudio de estos casos es de valor. Los doctores Sidney Bijou y Donald Baer, ambos eminentes psicólogos experimentales, han elaborado su opinión en esta forma:

La historia de la ciencia sugiere que las complejidades del mundo real del niño es probable que sean sólo combinaciones múltiples de procesos puros y sencillos. Por lo tanto, la complejidad de la conducta del niño **in vivo** puede ser provocada únicamente por el gran número de factores implicados; sin embargo, cada factor por sí mismo puede operar en alguna forma simple, fácil y del todo comprensible en un ambiente de laboratorio... Como esta suposición ha servido bien a otras ciencias en el pasado, no se ofrecerá ninguna otra justificación (para la investigación experimental en el laboratorio). Su aceptación significa que los estudios "artificiales" de laboratorio sobre la respuesta del niño a su ambiente resultan no sólo valiosos sino, en realidad, esenciales. (Bijou y Baer, 1960).

Pruebas estandarizadas

Además de los métodos ya tratados, el investigador del desarrollo dispone de una gran diversidad de procedimientos de prueba estandarizados. Incluyen pruebas del desarrollo de la personalidad, aptitud vocacional, motivación y muchas otras áreas del funcionamiento psicológico. Sin embargo, las más ampliamente usadas son las pruebas IQ (cociente de inteligencia) de la inteligencia general.

Se dispone de pruebas para cubrir toda la gama de edades desde la infancia en adelante. Después de los dos años de edad, las pruebas hacen cada vez mayor uso de la habilidad en desarrollo del niño para utilizar el lenguaje. Hacia la mitad de la infancia, el razonamiento verbal y la resolución de problemas son las habilidades primarias muestreadas por la mayoría de las pruebas de inteligencia. Las escalas infantiles, por otra parte, comprenden principalmente observaciones controladas de las respuestas a ciertas situaciones estándar, como la habilidad del niño para levantar la cabeza cuando se le acuesta boca abajo, para sentarse sin ayuda, para alcanzar y coger objetos de distinto tamaño, y para buscar y encontrar objetos que se han escondido de su vista. Estos aspectos se relacionan más bien con la destreza sensoriomotora, que con las habilidades para resolver problemas que son valoradas en pruebas posteriores. Por esta razón, los procedimientos estándar usados en la infancia son conocidos con frecuencia como escalas de desarrollo en vez de como pruebas de inteligencia.

Las versiones publicadas de pruebas estándar contienen instrucciones precisas para la aplicación y calificación de cada aspecto. Por lo tanto, las pruebas estandarizadas tienen muchas de las características formales de la investigación experimental. A cada sujeto se le presenta una serie idéntica de estímulos —reactivos de la prueba— bajo condiciones controladas y sus respuestas se evalúan objetivamente en términos de criterios predeterminados.

El uso de pruebas estandarizadas dentro de la investigación del desarrollo es múltiple y variado. En algunas situaciones, la información derivada de las pruebas estandarizadas desempeña un papel subsidiario al foco principal de la investigación. Por ejemplo, pueden obtenerse puntuaciones de la prueba a fin de equiparar la habilidad general entre los sujetos de diferentes grupos de edad; en un estudio de los cambios provocados por la edad en la estrategia para resolver problemas sería importante asegurarse de que los sujetos en cada grupo de edad fueran de inteligencia comparable, y que pudieran obtenerse puntuaciones de prueba con este propósito. Asimismo, algunas veces se utilizan puntuaciones de prueba a fin de identificar grupos determinados para efectuar investigación posterior. En su bien conocido estudio sobre los genios, Terman (1925) empleó puntuaciones de prueba con este objeto. Definió al genio como poseedor de una puntuación IQ de 140 o más, y vigiló la carrera de los individuos así identificados desde su niñez hasta la edad adulta.

En otras situaciones, se pueden emplear pruebas estandarizadas como una herramienta de investigación primaria. Este es el caso en muchos de los llamados estudios de enriquecimiento o intervención. En tales estudios, a una muestra de niños de alguna población especificada (por lo general, minusválidos) se les proporcionan experiencias de enriquecimiento fuera del grado normal para la población en cuestión. Estas experiencias pueden ir desde la exposición a un programa de instrucción educativa bien estructurado y diseñado en forma especial, hasta simplemente poner a su alcance juguetes estimulantes en un ambiente placentero. Al principio del estudio cada niño es sometido a una prueba estandarizada y se le vuelve a aplicar la misma prueba tras de la experiencia de enriquecimiento. Si hay un aumento importante en las puntuaciones de prueba entre la primera y la segunda administración, el programa de intervención se evalúa positivamente y puede aconsejarse su amplia aplicación. El programa Headstart llevado a cabo en los Estados Unidos durante la pasada década constituye un ejemplo de intervención en gran escala. El uso de pruebas estandarizadas en la evaluación de programas de intervención ha recibido recientemente una seria crítica (Lewis y McGurk, 1973).

Otro uso importante de las puntuaciones en las pruebas de inteligencia es la evaluación de las contribuciones relativas de la herencia y el medio para el desarrollo de la habilidad mental en general. Este polémico aspecto se trata con detalle en el Cap. 6.

¿Cuál método?

De lo antedicho debe haber quedado claro que no existe ninguna prueba inflexible y rápida para determinar el método de investigación más adecuado para estudiar determinado problema del desarrollo. Hablando en forma general, los métodos de observación, tanto natural como controlada, son empleados en el estudio del desarrollo social y afectivo, y también se utilizan con frecuencia en estudios sobre la adquisición del lenguaje. Las técnicas experimentales tienden a ser utilizadas más en el estudio de procesos cognoscitivos —aprendizaje, percepción, pensamiento y resolución de problemas—. Las pruebas estandarizadas se emplean con más frecuencia en el estudio del desarrollo de la inteligencia y de la personalidad. Sin embargo, estas son sólo tendencias generales y hay muchas excepciones. El problema básico en la investigación del desarrollo, como en otras áreas de investigación, no es decidir cuál metodología se va a emplear, sino formular problemas importantes, significativos y factibles de ser aclarados por la investigación. Habrá obviamente una interacción entre la disposición metodológica del investigador y la forma en que formula sus problemas para investigación; pero una vez que las preguntas estén claramente formuladas, las consideraciones metodológicas se apreciarán con mayor facilidad.

Consideraciones éticas

Las consideraciones éticas son de primordial importancia en el diseño de proyectos que impliquen la utilización de niños como sujetos de investigación. Tales consideraciones se plantean en cualquier investigación con sujetos humanos, pero resultan quizá más críticas en la investigación del desarrollo, debido a la mayor vulnerabilidad de los niños al posible stress o al daño psicológico. Claramente, es responsabilidad del investigador evitar crear situaciones innecesariamente abrumadoras así como evitar exponer a los niños al riesgo de una lesión física. El daño psicológico es difícil de definir, pero es responsabilidad del investigador asegurarse de que ninguno de sus sujetos llegue a sufrir de ningún modo como consecuencia de haber participado en una investigación.

5
Herencia y Ambiente en el Desarrollo Humano

La estructura biológica y un ambiente en el cual funcionar, son condiciones previas necesarias para la manifestación de la conducta. Sin estructura no puede haber comportamiento; de manera similar, se requiere un ambiente para que la propensión conductual de cualquier estructura pueda expresarse. Sin embargo, la importancia relativa de la dotación biológica y la influencia ambiental sobre el desarrollo de la conducta ha sido motivo de argumentación y especulación desde tiempo inmemorial. Esta argumentación es conocida con diversos términos, como la polémica entre naturaleza y crianza o la cuestión entre herencia y ambiente. Pueden identificarse tres posiciones con respecto de esta controversia: (1) determinismo genético extremo; (2) ambientalismo extremo; (3) interaccionismo.

La primera posición es adoptada por aquellos que creen que el desarrollo es gobernado por el despliegue maduracional del esquema genético del que cada individuo está dotado desde su concepción. Al aprendizaje y la experiencia se les asigna un papel menor: las diferencias entre uno y otro individuo son atribuidas principalmente a diferencias en la herencia genética. Por otra parte, la posición ambientalista extrema da poca importancia a los factores hereditarios, excepto por lo que respecta a su papel en el crecimiento físico y neurológico y en la diferenciación de las especies. Desde este punto de vista, el desarrollo es el resultado del aprendizaje y la experiencia, y las diferencias individuales se presentan como respuesta a diferencias en la interacción ambiental. Finalmente, la posición interaccionista rechaza el punto de vista de que el desarrollo es totalmente determinado, ya sea por la dotación genética o por las influencias ambientales. En vez de ello, el desarrollo es concebido como el resultado de una inter-acción entre ambos.

A fin de poder evaluar estos diferentes puntos de vista, resulta adecuado prestar cierta atención a los mecanismos de la herencia y a su papel en el desarrollo del individuo.

Transmisión hereditaria

Las unidades básicas de la transmisión hereditaria se llaman genes. Los genes son cadenas químicas extremadamente com-plejas contenidas en estructuras llamadas **cromosomas,** que a su vez están situados dentro del núcleo de las células de los orga-nismos vivos. En las células humanas cada cromosoma individual contiene muchos miles de genes.

El organismo humano contiene dos tipos de células: las **cor-porales** y las **germinales.** Las células corporales forman los teji-dos esquelético, muscular, neural (nervioso) y de los órganos del cuerpo. Cada cuerpo celular contiene cuarenta y seis cromo-somas arreglados en pares. Hay un solo par de **cromosomas se-xuales** y otros veintidós pares llamados **autosomas.** Los pares autosómicos en el hombre y en la mujer son similares, pero los cromosomas sexuales, por supuesto, difieren. El complemento masculino de los cromosomas sexuales es conocido como XY, el femenino como XX. El cromosoma Y es el más pequeño de todos los cromosomas y lleva menos material genético —¡muy malo para el chauvinismo masculino!

Las células germinales tienen inicialmente el mismo número de cromosomas que las células corporales, pero quedan relegadas en los testículos (hombre) y ovarios (mujer) en una etapa tem-prana del desarrollo humano. Sin embargo, a partir de la pubertad las células germinales se desarrollan mucho y pasan por un pro-ceso conocido como **meiosis,** mediante el cual se forman células germinales maduras los **gametos.** Los gametos masculinos son los **espermatozoides** y los gametos femeninos los **óvulos.**

La meiosis, un proceso de división celular, se lleva a cabo en dos etapas y la describiremos aquí como tal, como ocurre en el organismo masculino. Durante la primera etapa, los pares de cro-mosomas en la célula germinal original se reproducen y después la célula se divide en dos, conteniendo cada nueva célula un juego duplicado de veintitrés pares de cromosomas. Durante la segunda etapa de la meiosis ocurre otra división, esta vez sin duplicación de los cromosomas. Lo que acontece, en cambio, es que los pares de cromosomas se separan en unidades individuales, yendo un miembro de cada par a una nueva célula y su compañero a otra; lo cual parece acontecer al azar. Además, cuando los pares se separan, hay intercambio de material genético entre sus miembros por un proceso conocido como "entrecruzamiento". Por lo tanto, por medio de la meiosis, una célula germinal masculina produce cuatro espermatozoides cada uno de los cuales es distinto, ya que contiene una diferente selección de veintitrés cromosomas determinada al azar, con distinta combinación de material genético que los demás. El proceso de la meiosis se efectúa de manera análoga en las mujeres, con excepción de que sólo se desarrolla un óvulo a partir de cada célula germinal; las otras tres células no son funcionales. Sin embargo, el único óvulo también contiene una selección única, al azar, de veintitrés cromosomas. Los gametos masculinos contienen veintidós autosomas, y ya sea un cromosoma sexual X o Y (la mitad tienen X, la otra mitad tienen Y); el único cromosoma sexual que puede llevar el óvulo es, por supuesto, uno X.

Después de la pubertad, la mujer ovula una vez por mes, a la mitad de cada ciclo menstrual, y se desprende un óvulo maduro de alguno de los ovarios hacia el interior de la correspondiente trompa de Falopio. Si se efectúa el acto sexual alrededor de este momento, es más o menos probable que ocurra la concepción. La concepción se produce cuando un solo espermatozoide, de los cuales se arrojan muchos millones durante cada eyaculación, perfora la membrana del óvulo. Poco después, los veintitrés cromosomas del núcleo del espermatozoide se combinan con los del núcleo del óvulo, de modo que el núcleo del óvulo fecundado contiene todo el conjunto de veintidós pares de autosomas y un par de cromosomas sexuales. El sexo del individuo así concebido dependerá únicamente de si el espermatozoide que penetra el óvulo lleva un cromosoma X o Y; o sea, sólo el padre determina el sexo de la criatura.

El proceso al azar mediante el cual los gametos obtienen su composición cromosómica, junto con el intercambio de material genético que ocurre durante el entrecruzamiento, asegura que con excepción de los gemelos idénticos, cada individuo inicia su vida con una constitución genética única. Es infinitamente pequeña la probabilidad de que concepciones independientes de los mismos progenitores produzcan niños con la misma estructura genética.

Al óvulo fecundado se le llama **cigoto**. Aproximadamente un día después de la concepción, el cigoto comienza a sufrir el proceso de la división y multiplicación celular conocido como **mitosis**. La mitosis sigue un patrón similar a la primera etapa de la meiosis. Los pares de cromosomas en el núcleo del cigoto primero se duplican a sí mismos. Después la célula se divide, formando dos nuevas células, cada una de las cuales tiene un juego completo de veintitrés pares de cromosomas. La mitosis continúa durante todo el curso del desarrollo hasta que el individuo está físicamente completo. En ocasiones sucede que durante la primera parte de la mitosis el cigoto se divide en dos entidades separadas, cada una de las cuales procede a desarrollar un individuo completo. Esta es la única condición que puede originar dos individuos con constitución genética idéntica, los llamados gemelos idénticos o **monocigóticos**. Se producen gemelos fraternos o **dicigóticos** cuando, como algunas veces acontece, son expulsados dos óvulos dentro de la trompa de Falopio al mismo tiempo y ambos son penetrados en forma independiente por distintos espermatozoides. Los gemelos fraternos no son más similares genéticamente que otros pares de gemelos.

La influencia de los genes

Durante todo el proceso de la meiosis y la subsecuente fecundación, cada ser humano comienza su vida como un cigoto con un conjunto específico de veintitrés pares de cromosomas, la mitad de los cuales proceden de cada progenitor. La división del cigoto y la multiplicación de las células que se efectúa durante la mitosis no influye sobre la estructura genética; cada célula individual tiene un juego idéntico de cromosomas y genes, al que existía en el cigoto original. Durante el desarrollo embrionario y fetal se produce la diferenciación y especialización celular. Algunas células van a formar la corteza, otras a constituir las cutículas; pero aunque las células de las distintas partes del cuerpo difieren en aspecto y función, todas tienen la misma composición genética.

Los genes contribuyen al desarrollo de las características hereditarias actuando por pares. Para cualquier carácter hereditario, la mitad de los genes proviene de un progenitor y la otra mitad del otro. El grado hasta el cual determinado carácter se expresa en un individuo depende de la combinación de genes que ha heredado. Considérese, por ejemplo, el caso del color de los ojos. Supóngase que el gene **b** se asocia con ojos azules, y que el gene **B** se asocia con ojos de color café. Supóngase también, que ambos padres poseen el par de genes **bb**. Ambos tendrán los ojos azules y, como cada uno de ellos sólo puede contribuir con un gene **b** para su hijo, se deduce que todos sus hijos tendrán los ojos azules. De manera similar, si ambos padres llevan el par de genes **BB**, sus hijos tendrán ojos de color café. ¿Qué pasa, sin embargo, si un padre es **BB** y el otro es **bb**? Los hijos de tal unión heredarán el par **Bb**, pero, ¿tendrán ojos azules o cafés, o bien, tendrán un color intermedio?

Siempre que un individuo tiene un par de genes iguales (por ejemplo, bb o BB para el color de los ojos) se dice que es **homocigótico** con respecto a ese carácter. Cuando porta un par desigual (por ejemplo Bb para el color de los ojos) se dice que es **heterocigótico** con respecto a ese carácter. Si un individuo es heterocigótico, entonces es necesario conocer la **dominancia** o **recesividad** de los genes en cuestión antes de poder hacer ninguna predicción acerca de cómo se expresará el carácter en cuestión. Un gene dominante es aquel cuya influencia se manifiesta, independientemente de la dominancia o recesividad del otro gene en el par. En contraste, la influencia de un gene recesivo sólo se manifestará si su gene complementario **también es recesivo**, o si no hay gene complementario. Por lo que respecta al color de los ojos, el gene para el color café es dominante, mientras que el del color azul es recesivo, de modo que el individuo heterocigótico Bb tendrá ojos de color café. Nótese, sin embargo, que este individuo es capaz de transmitir un gene b a la siguiente generación; o sea, **expresa** el gene dominante, pero todavía **porta** el gene recesivo. Así, dos progenitores de ojos cafés, ambos heterocigóticos, podrían tener un niño de ojos azules.

La herencia de la enfermedad conocida como hemofilia sirve para poner el ejemplo de un caso donde un carácter portado por un gene recesivo se expresa en ausencia de cualquier gene complementario. La hemofilia es una enfermedad en la cual la sangre no coagula con facilidad y que está ligada al sexo. Es decir, el gene involucrado es portado por el cromosoma X. Además, el gene es recesivo. De acuerdo con ello, el gene recesivo debe estar presente en ambos cromosomas X para que la afección pudiera expresarse en una mujer. Por esta razón, las mujeres hemofílicas

son raras, pero, por supuesto, las mujeres pueden ser portadoras
y transmitir la afección a sus hijos. Sin embargo, en el hombre
basta la presencia de un solo gene recesivo para producir hemofilia; ya que sólo tiene un cromosoma X, no hay posibilidad de
que el gene sea recesivo. La familia de la reina Victoria de Inglaterra proporciona un famoso ejemplo histórico de la transmisión
de esta afección. La reina era portadora, y tres hijas y cuatro
nietas fueron identificadas como portadoras. Por otra parte, un
hijo, cuatro nietos y seis bisnietos fueron hemofílicos. Otros caracteres recesivos que se cree que son portados por el cromosoma
X incluyen formas comunes de distrofia muscular y ceguera
al color.

No todos los caracteres genéticos se expresan en forma de
alternativas bajo el control de dominancia o recesividad. Hay
pares de genes en los cuales ningún alelo (como se denomina a
cada miembro individual del par) es dominante. Por ejemplo, la
textura del plumaje en las aves domésticas es un carácter que
depende de un solo par de genes. Normalmente, las plumas son
lisas y se encuentran próximas al cuerpo, pero algunas razas
tienen plumas muy rizadas o erizadas. Si se representa a la raza
homocigótica lisa por **ss** y a la homocigótica rizada por **ff**, se deduce que la primera generación de híbridos (F_1) son heterocigóticos **sf**. Sin embargo, los híbridos F_1 no son por completo lisos
ni del todo rizados, sino que presentan una mezcla entre ambos
y son medianamente rizados. Esto indica que ninguno de los alelos tiene dominancia. Resulta interesante hacer notar que los
cruzamientos entre un gran número de híbridos F_1 producen distintos grupos de descendientes en la proporción de un liso, dos
moderadamente rizados y uno en extremo rizado. Esto se explica
si examinamos el esquema siguiente que muestra que aunque un
cruce entre pares heterocigóticos da lugar a todas las combinaciones posible de alelos, en promedio, la frecuencia de determinadas combinaciones se ajustará a la proporción indicada.

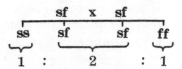

Fig. 5.1. **Proporciones esperadas de descendientes "puros" e
"híbridos" para un par de genes sin dominancia.**

De los mismos principios se desprende que cuando hay dominancia, la descendencia resultante de un gran número de cruzamientos entre pares heterocigóticos debe ajustarse a la proporción de tres a uno en favor del alelo dominante. Por ejemplo, el cruzamiento entre personas heterocigóticas de ojos de color café daría:

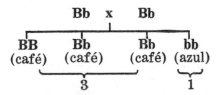

Fig. 5.2. **Propiedades esperadas de un par de genes con dominancia.**

Estas diferentes proporciones resultantes de distintos tipos de cruzamientos se llaman proporciones mendelianas, en honor de Gregorio Mendel, el monje austriaco que inició el estudio de la herencia durante la última parte del siglo XIX. En experimentos controlados de reproducción es posible, al estudiar la frecuencia con que se expresan determinados caracteres, determinar si dichos caracteres están bajo la influencia de genes con o sin dominancia. También es posible determinar con estos experimentos, hasta qué grado ciertos caracteres están bajo la influencia de más de un solo par de genes.

Los ejemplos de la herencia genética discutidos hasta ahora han comprendido características **limitadas,** como el color de los ojos en el ser humano (cuya transmisión es en realidad más compleja que la aquí sugerida) y la textura del plumaje en las gallinas. Estos caracteres están bajo la influencia de los alelos de un solo par de genes y, cuando hay dominancia, se expresan en forma de alternativas. Cuando no hay dominancia, resulta una mezcla relativamente sencilla en el caso de individuos heterocigóticos. En el hombre se conocen varios caracteres que dependen de un solo gene, la mayoría de los cuales están relacionados con raras anomalías y que, afortunadamente, son recesivos. Sin embargo, los rasgos más obvios como el peso, estatura e inteligencia tienen un componente genético que depende de la interacción entre gran número de genes. La distribución de tales características en la población no se ajusta a las relaciones mendelianas que ya hemos señalado. En vez de estar distribuidos en proporciones fijas, tales rasgos tienen una distribución **continua,** en forma de campana o distribución **normal.** Las diferencias entre los individuos en distintos puntos de un continuo son más cuantitativas que cualitativas, en contraste con las diferencias cualitativas asociadas con ciertas características limitadas. Es claro que el componente genético de tales características en forma de un continuo es más complejo, estará sujeto a mayor variación y se expresará en formas más complejas que en el caso de las características relativamente simples discutidas hasta ahora. Este aspecto volverá a tratarse en el tema del desarrollo de la inteligencia.

Interacción gene-ambiente

Mucha gente discute el papel de la genética y el ambiente como si la influencia de los genes terminara en la superficie de la piel y como si el ambiente incluyera sólo aquello que es externo al organismo en su totalidad. Sin embargo, estrictamente hablando, cuando nos referimos al papel del ambiente en un contexto genético, uno tiene en mente un concepto de ambiente que se refiere a la influencia de todos esos factores que son externos al núcleo celular que contiene los genes. Por lo tanto, desde el punto de vista del desarrollo, se puede conceptualizar la acción entre los genes y el ambiente a diversos niveles para su análisis.

A nivel de la célula fecundada individual, el ambiente dentro del cual operan los genes comprende el citoplasma que rodea al núcleo dentro del cuerpo celular. Después de sucesivas mitosis, la célula individual tiene ahora una localización específica dentro de un conjunto de otras células y, por lo tanto, el ambiente se ha ampliado. En el término de unas dos semanas después de la concepción, se ha desarrollado un saco o membrana alrededor de las células del embrión humano y el todo se encuentra unido a la pared del útero materno. Al mismo tiempo, a través del **cordón umbilical,** el embrión tiene acceso a la corriente sanguínea materna a través de la cual recibe alimento y oxígeno y se eliminan dióxido de carbono y otros productos de desecho. La relación entre las corrientes sanguíneas de la madre y el niño nunca es directa. Antes de llegar al embrión, los nutrientes provenientes de la madre pasan a través de la **placenta,** una compleja estructura localizada sobre la pared uterina en el punto de contacto del saco que contiene el embrión. Las membranas de la placenta son semipermeables. El agua, sales, azúcares, grasas y algunas proteínas pasan a través de la barrera placentaria, pero las células sanguíneas, que son de gran estructura molecular, no pueden atravesarla. El cordón umbilical, que es la línea de abastecimiento del embrión, está unido a la placenta. El cordón contiene dos arterias que llevan sangre a la placenta y una vena que la hace retornar, pero la sangre del embrión tampoco puede pasar la barrera placentaria. Sin embargo, a través del cordón umbilical, el embrión en desarrollo está ahora expuesto a una gran variedad de posibles influencias ambientales representadas por las sustancias que pueden cruzar la placenta provenientes de la madre.

En un término de ocho semanas a partir de la concepción, todos los órganos y sistemas principales presentes en un recién nacido ya se han diferenciado y pueden ser identificados en el embrión humano. El organismo tiene una forma humanoide reconocible desde que es muy pequeño, teniendo un tamaño general de una moneda pequeña. Desde esta etapa hasta el término de la gestación (normalmente unas cuarenta semanas después de la concepción) el organismo recibe el nombre de feto. A través de todo el periodo fetal el organismo queda expuesto a las influencias del medio a que nos hemos referido en el párrafo anterior.

Al nacer, la criatura emerge a un medio totalmente externo. La diversidad de influencias ambientales a las cuales se enfrenta varía de manera considerable de un individuo a otro y comprende tanto a la familia inmediata dentro de la cual nace el individuo como a la sociedad y la cultura dentro de la cual está inmersa la familia. Es en este nivel donde comúnmente se debate la cuestión de naturaleza-crianza, presentándose las preguntas acerca de la contribución relativa de la herencia y el ambiente sobre las diferencias individuales en el desarrollo. Sin embargo, las oportunidades para la interacción gene-ambiente se establecen mucho antes del proceso del nacimiento.

Interacción a diversas etapas

Así como la posibilidad de variación en determinado carácter aumenta con el número de genes involucrados en su determinación, así la posibilidad de variación debida a la interacción gene-ambiente se incrementa al aumentar la gama de influencias ambientales en diferentes etapas del desarrollo.

Los genes son complejas moléculas de ácido desoxirribonucleico o ADN. El ADN ha sido concebido por Watson y Crick (Watson, 1968) como una estructura en escalera, dispuesta en la forma de una doble hélice. El ADN controla la producción de otra sustancia química, el ácido ribonucleico o ARN, dentro del núcleo celular. Cierto tipo de ARN, el llamado ARN mensajero, pasa del núcleo hacia el citoplasma, en donde controla la producción de otros compuestos químicos. En última instancia, los genes llevan a cabo su función controlando la producción de nuevas moléculas dentro de la célula.

La etapa del cigoto

En la etapa de célula fecundada aislada, el único factor limitante de la función genética es la naturaleza del **citoplasma,** la sustancia que rodea al núcleo celular. Es posible demostrar el papel del citoplasma sacando a éste de la célula de una especie y sustituyéndolo por el de una especie relacionada, pero dejando intacto el núcleo original. Esto se ha hecho con algunas especies de erizo de mar y, cuando el desarrollo **continúa,** el resultado es una versión deformada de la especie a la que pertenece el núcleo. Los genes llevan un mensaje para un resultado particular, pero resultan alterados al ser colocados en un ambiente extraño.

La etapa preembrionaria

Con el principio de la mitosis, las células individuales tienen ahora una localización espacial entre sí y se presenta un nuevo conjunto de influencias ambientales. El que una célula individual contribuya al desarrollo de un diente o de un dedo dependerá de su localización dentro de la organización total del conjunto celular. Por ejemplo, cuando las células que, si no se les perturbara, llegarían a formar una pierna son trasplantadas a un nuevo sitio, digamos, al de un brazo, llegarán a desarrollar un brazo. Dentro de determinada célula, los genes funcionan para modificar la estructura celular, pero son influidas en su actividad por lo que está sucediendo en su ambiente inmediato, de modo que el desarrollo se adapta a un patrón general. De este modo, las células que han sido cambiadas de lugar se desarrollan en armonía con, su nuevo estilo. Debe hacerse notar, sin embargo, que tales trasplantes únicamente son efectivos durante una etapa inicial en el desarrollo, antes de que se inicie la especialización. Las células trasplantadas después de este momento continúan desarrollando las características asociadas con su localización original.

En condiciones normales, el ambiente prenatal de cada organismo, con respecto a la composición citoplásmica y la organización celular, es una función de características particulares de la especie y es relativamente constante de un individuo a otro. Sin embargo, queda vigente el punto de que la interacción gene-ambiente es un proceso que se inicia muy al principio de la vida.

Las etapas de embrión y feto

El cordón umbilical une al feto, de la manera indirecta como hemos visto, con la circulación materna y, por lo tanto, el contenido de esta circulación constituye una característica importante del ambiente fetal. Antiguamente, se creyó que la placenta formaba una barrera totalmente efectiva entre la madre y el feto y, de acuerdo con ello, que éste no resultaría afectado por la variación en la circulación materna o por la presencia de agentes extraños en su interior. Sin embargo, ahora se sabe que no es así. Aunque las pequeñas variaciones en la circulación materna tienen escaso o ningún efecto sobre el desarrollo fetal, las fluctuaciones extremas como las asociadas con la desnutrición pueden tener una influencia marcadamente nociva. La desnutrición materna durante el embarazo se acompaña con deficiencia en el peso corporal del producto al nacer y también con deficiencia en el desarrollo cerebral (Birch y Gussow, 1970; Winick y Rosso, 1969). A causa de la mala nutrición, la circulación materna puede tener deficiencia de proteínas, minerales y vitaminas. Como el feto depende de la corriente sanguínea para su nutrición, se comprende que la mala nutrición materna se traduce también en una mala nutrición fetal. En muchos casos, los efectos de dicha desnutrición nunca se remedian por completo (Vore, 1973). Esto resulta particularmente factible con respecto al desarrollo fetal. El análisis de los cerebros de fetos humanos obtenidos por aborto terapéutico indica que el número y tamaño de las células cerebrales aumenta en razón lineal entre la concepción y el nacimiento. Entre el nacimiento y los seis meses de edad la rapidez de este incremento disminuye en forma considerable y desde los seis meses hasta la adolescencia sólo hay aumento del peso cerebral (Winick y Rosso, 1969). En consecuencia, la deficiencia en el número de células cerebrales que acompaña a la desnutrición **in utero** puede ser permanente e irreversible.

Se sabe en la actualidad que la placenta no es una barrera totalmente efectiva para evitar que las sustancias nocivas lleguen al feto. Los desgarradores casos de niños deformes nacidos de madres a quienes se les había prescrito talidomida como un sedante durante el embarazo proporcionan un ejemplo sumamente conocido del efecto a largo plazo que pueden producir las drogas sobre el feto en desarrollo. Se ha investigado mucho sobre el efecto de la exposición a otras drogas, por ejemplo la nicotina, sobre el desarrollo fetal y posterior. Aunque se ha encontrado una relación estadística entre el hábito materno de fumar durante el embarazo, por una parte, y variables como el tamaño y peso al nacer y la prematurez, por la otra, no se ha logrado establecer en forma convincente una relación causal directa.

La ansiedad materna y otros trastornos emocionales durante el embarazo también pueden afectar el desarrollo fetal. Durante la excitación emocional, el sistema nervioso autónomo del organismo hace que ciertas sustancias químicas, la **adrenalina** en particular, se liberen dentro de la corriente sanguínea. Estas sustancias atraviesan la barrera placentaria y los cambios resultantes en el aparato circulatorio del feto pueden afectar el metabolismo celular. Es poco factible que las fluctuaciones normales en el temperamento materno durante el embarazo tengan un efecto pronunciado sobre el feto, a largo plazo. Sin embargo, si la madre se encuentra en constante estado de tensión o stress, como el que puede asociarse, por ejemplo, con un pesar prolongado o la falta de armonía matrimonial, puede haber consecuencias adversas perdurables para el niño. Los resultados de un estudio de Stott (1973), han sugerido que los niños cuyas madres han sufrido prolongada ansiedad durante el embarazo presentan mayor incidencia de trastornos conductuales y otras formas de disfunción psicológica que los niños cuyas madres no sufrieron indebida sobrecarga emocional. Los datos de Stott no bastan para identificar los factores causales de dicha morbilidad, pero no puede soslayarse el papel de las concentraciones excesivas de adrenalina y otras hormonas **in utero.**

La controversia herencia-ambiente tiene una larga historia en el estudio del desarrollo humano y sin duda continuará siendo el centro de investigación, polémica y debate en el futuro. Aunque estas dos influencias sobre el desarrollo pueden diferenciarse conceptualmente, es evidente que operan en conjunto y que sus contribuciones relativas al desarrollo se encuentran entrelazadas de manera inextricable. Aunque los genes se encuentran ya fijos en la concepción y normalmente no cambian durante toda la vida del individuo, no es correcto pensar que su influencia es estática e inmutable. Como ya hemos visto, hay una interacción dinámica entre herencia y ambiente a partir del momento de la concepción. Mucho antes del nacimiento del niño, las diferencias individuales en las condiciones ambientales tienen una influencia modificadora sobre la expresión de la herencia genética.

6
Naturaleza y Crianza en el Desarrollo de la Inteligencia

La inteligencia es un concepto demasiado complejo y, en último análisis, probablemente indefinible. En el nivel más general se refiere a la capacidad del individuo para relacionarse eficazmente con su ambiente. Por lo tanto, la inteligencia comprende la habilidad para aprender con eficacia y retener lo que se ha aprendido, de ser flexible para aplicar el antiguo aprendizaje a nuevas situaciones y para desarrollar nuevos medios para viejos fines, pensar lógicamente y razonar en forma abstracta. La inteligencia es todas estas cosas y otras muchas más.

La psicología del desarrollo de Jean Piaget, a la que ya nos hemos referido, representa un intento de proporcionar una explicación teórica del desarrollo de la inteligencia. Piaget estaba relativamente poco interesado en las diferencias individuales en el funcionamiento intelectual. En vez de · ello, intentó describir los cambios cualitativos en los procesos de pensamiento del niño a medida que éste pasa a través de etapas sucesivas de desarrollo desde los comienzos primitivos de la inteligencia sensoriomotora hasta el raciocinio abstracto hipotético-deductivo que se hace manifiesto durante el periodo de operaciones formales. Lo que resulta de interés en el sistema de Piaget son las diferencias **cualitativas** en la inteligencia entre los niños en distintas etapas de desarrollo en vez de las diferencias cuantitativas entre individuos, ya sea en la misma o en diferentes etapas de desarrollo.

En contraste, entre los psicólogos que se han interesado en el desarrollo de la inteligencia **medida**, o sea, la inteligencia **reflejada** por nuestra puntuación es una prueba de IQ, el foco principal se ha centrado en el desarrollo **cuantitativo** de la inteligencia y, en particular, sobre los orígenes de las diferencias cuantitativas entre los individuos (véase D4).

La medición de la inteligencia

Las pruebas estandarizadas de la inteligencia, como la Escala de Stanford-Binet o la Escala de Inteligencia para Niños de Wechsler son creadas sobre la base de intensiva investigación en gran escala basada empíricamente. Una suposición fundamental acerca de la habilidad mental es que aumenta con la edad; por lo tanto, un buen reactivo de prueba es aquel que el niño mayor pasa con más facilidad que los más jóvenes, y los reactivos se seleccionan o se rechazan con este criterio. Los reactivos se seleccionan también para diferenciar entre los individuos más brillantes y los más lerdos a cualquier nivel de edad. Esta última propiedad se valora, por lo general, contra algún criterio externo como los logros académicos.

Cuando se han seleccionado finalmente los reactivos que se van a incluir en la batería de prueba, se someten a un exhaustivo proceso de estandarización. La prueba se aplica a una gran muestra representativa de sujetos en el rango de edad para la cual se ha estructurado, y sobre esta base se establecen normas para las puntuaciones de la prueba a cada nivel de edad. Cuando la prueba se pone en uso general, se puede entonces comparar la puntuación de cualquier individuo con las normas para los niños de su propia edad. En la práctica moderna, las puntuaciones en bruto de la prueba son, por lo general, evaluadas en términos de una distribución estadística estándar con una media de 100 y una desviación estándar de 15. Lo que esto significa es que, a cada nivel de edad, la puntuación promedio de la prueba es 100; más o menos dos terceras partes de la población logran puntuaciones de entre 85 y 115 y sólo el 2% obtiene puntuaciones por arriba de 130 o por debajo de 70. Más concretamente, un niño de ocho años con IQ de 100 tiene un rendimiento al nivel promedio para su edad; un IQ de 115 se encuentra por arriba del promedio (excedido por sólo el 18% de la población) y un IQ de 85 está por abajo del promedio (sólo el 18% de la población logra puntuaciones menores).

El sentido común dicta que la inteligencia es importante, aunque no es el único ingrediente para el éxito académico. En general, las pruebas para el IQ como la de Stanford-Binet y la de

Wechsler son relativamente buenas para predecir el desempeño académico, y en ese sentido proporcionan un índice de inteligencia fácil de cuantificar. Nótese, sin embargo, que aunque las pruebas de inteligencia son conocidas con frecuencia como pruebas de "habilidad mental" o de "potencial intelectual", no proporcionan una medida directa de tales atributos. En primer lugar las pruebas de inteligencia son mediciones del **conocimiento adquirido**, en particular, del conocimiento verbal. Por ejemplo:

¿Cuál es la diferencia entre pereza y ociosidad?
¿Quién fue Gengis Khan?

son reactivos que aparecen en las escalas de Stanford-Binet y de Wechsler, respectivamente. El hecho de que el conocimiento para responder tales cuestiones tenga que ser adquirido nos pone alerta al instante sobre la importancia de las variables ambientales, como la oportunidad de aprendizaje, en la determinación de la inteligencia reflejada por una puntuación de IQ.

Las puntuaciones en bruto de las pruebas de inteligencia se incrementan al aumentar la edad y sobre la base de pruebas repetidas a intervalos regulares en el mismo grupo de sujetos, es posible trazar curvas de desarrollo que muestren el crecimiento cuantitativo de la inteligencia. Se han efectuado varios de estos estudios que concuerdan en mostrar que el crecimiento mental procede en forma lineal a través de la niñez y el principio de la adolescencia, y después disminuye de manera gradual. Hay cierta discrepancia acerca de cuándo se alcanza el límite superior de tal desarrollo mental. Con la prueba de Stanford-Binet, las puntuaciones no aumentan significativamente después de los quince años. Por otra parte, los datos reportados por Bayley (1970) sobre una muestra de sujetos cuya observación se prosiguió desde que tenían dos meses de edad hasta los treinta y seis años, indican que el desarrollo mental es menos pronunciado durante los últimos años de la segunda década y los primeros de la tercera década, pero que el límite superior no se alcanza hasta alrededor de los veintiséis años. Debe tenerse en cuenta que las curvas de crecimiento que muestran un aumento ordenado y regular de la inteligencia han sido elaboradas sobre la base de datos **agrupados**. Como veremos más adelante, las curvas longitudinales individuales a veces presentan un cuadro muy diferente del desarrollo de la inteligencia.

Diferencias de IQ y herencia

Hay grandes diferencias individuales en la inteligencia. Las puntuaciones en las pruebas de inteligencia proporcionan, al parecer, un fácil medio para cuantificar tales diferencias. El análisis estadístico de las diferencias individuales en las puntuaciones IQ se ha venido a emplear como el mejor medio de valorar la contribución genética a la inteligencia. La técnica de **correlación** es una de las principales herramientas analíticas en este respecto y, por lo tanto, es necesario examinar brevemente este concepto (para una consideración detallada de los procedimientos correlacionales, véase A8 en esta serie).

El significado de la correlación

La correlación estadística es simplemente una técnica mediante la cual pueden hacerse aseveraciones numéricas sobre el grado de asociación existente entre dos variables. El valor de un **coeficiente de correlación** (con frecuencia denotado por el símbolo **r**) puede variar entre —1 y +1, e indica el grado en el cual la variación en una variable se asocia con la variación en la otra. La correlación **positiva** perfecta ($r = 1.00$) se presenta cuando el incremento en una variable se acompaña siempre por aumento en la otra variable en proporción directa. La correlación **negativa** perfecta ($r = 1.00$) indicaría que el aumento en una variable se acompañó de una **disminución** proporcional en la otra. La correlación cero ($r = 0.00$) simplemente indica que no hay relación entre las dos variables.

Es raro encontrar valores de correlación de —1, 0 y +1. Para cualquier conjunto determinado de datos, el valor calculado de **r** casi inevitablemente estará entre —1 y +1. Existen técnicas para valorar la **importancia estadística** de cualquier valor obtenido para **r**, o sea, para calcular la probabilidad de que el valor obtenido pudiera haberse presentado por azar en una situación donde la verdadera correlación en la población implicada es cero. Sin embargo, estas técnicas son demasiado detalladas y complejas como para poder tratarlas aquí. Como una regla en general, puede decirse que mientras más se acerque el valor de **r** a +1, mayor será el grado de asociación entre las variables en cuestión.

Tabla 6.1. Datos hipotéticos de IQ de ocho pares de gemelos idénticos

Par gemelar	IQ gemelo A	IQ gemelo B
1	83	71
2	88	76
3	105	89
4	106	91
5	110	94
6	113	103
7	138	114
8	140	126

Promedio de A = 110.4   Promedio de B = 95.5

Correlación, r = .98

Para aclarar la interpretación de los valores correlacionados, considérense los datos de la Tabla 6.1, que representan puntuaciones IQ de un grupo hipotético de pares de gemelos idénticos (monocigóticos).

Pueden sacarse dos puntos relacionados de los datos de esa tabla. Primero, hay considerables diferencias en los **niveles absolutos** de IQ representados por los dos conjuntos de puntuaciones, que se reflejan por una diferencia de 15 puntos de IQ entre los promedios; las puntuaciones para los gemelos A son todas mayores que para los gemelos B. Sin embargo, en segundo lugar, las puntuaciones para cada par continúan siendo "coherentes" entre sí, en el sentido de que el compañero con la menor puntuación en la lista A también tiene la menor puntuación en la lista B. De manera similar, las mayores puntuaciones en cada lista pertenecen a miembros del mismo par de gemelos. En realidad, el orden de las puntuaciones para los gemelos de las parejas correspondientes es idéntico (¡como que fue intencional!) en las dos listas. Es esta correspondencia en el orden de las puntuaciones la que se refleja en el elevado coeficiente de correlación. En otras palabras, los coeficientes de correlación son un índice del grado en que las puntuaciones de los individuos en correspondencia tienen el mismo rango dentro de los dos grupos. Las diferencias en los **niveles absolutos** de puntuación entre los grupos pueden ser grandes o pequeñas, sin influir el valor de la correlación. Este es un punto importante que hay que tener en cuenta en la siguiente exposición.

Determinación genética de la inteligencia

Hacia principios de siglo, el punto de vista predominante era que la inteligencia era un potencial finito del cual estaba dotado el individuo en el momento de la concepción, que la manifestación de esta inteligencia aumentaba en una proporción estable durante el curso del desarrollo, pero que la inteligencia no estaba sujeta a cambios cualitativos ni a una influencia ambiental. Por lo tanto, los orígenes de las diferencias individuales de inteligencia residían en la herencia genética. El bien conocido psicólogo inglés, el finado sir Cyril Burt, resumía así este punto de vista al escribir sobre la inteligencia:

> Es heredada o cuando menos innata, no se debe a enseñanza o adiestramiento, es intelectual, no emocional o moral, y escapa a la influencia de la laboriosidad o el ahínco... De todas nuestras cualidades mentales es la más difícil de alcanzar; afortunadamente, puede ser medida con precisión y facilidad. (Burt, Jones, Miller y Moodie, 1934:28-9).

Hay muchos psicólogos contemporáneos cuya lectura de la evidencia los convence que la inteligencia es principalmente una característica hereditaria y continúa el debate acerca de las contribuciones relativas de la herencia y el ambiente para el desarrollo de la inteligencia. Tiene importancia, por lo tanto, hacer algunas consideraciones acerca de la evidencia importante.

Hay cuatro proposiciones interrelacionadas que parecerían desprenderse de la hipótesis de que la inteligencia es principalmente una característica hereditaria:

1. Mientras más cercana sea la relación genética entre dos individuos, mayor sería la correspondencia entre ellos respecto a la inteligencia.

2. Como la herencia genética de cada individuo es una constante, debe haber un alto grado de continuidad en la expresión de la inteligencia durante la vida del individuo.

3. Las diferencias individuales en la experiencia temprana no deben tener profundo efecto sobre el desarrollo de diferencias individuales de inteligencia.

4. Los intentos deliberados de aumentar el nivel de inteligencia proporcionando experiencias especiales de enriquecimiento no tendrán efecto.

Examinaremos ahora la evidencia relacionada con cada una de estas proposiciones.

Estudios de concordancia. Se ha llevado a cabo un gran número de estudios en los que se han calculado las correlaciones para el IQ dentro del contexto de diferentes grados de parentesco. En la Tabla 6.2. se reportan los datos de diversos estudios.

Tabla 6.2. Correlación entre las puntuaciones de inteligencia para personas con diferente grado de relación genética entre sí (Resumido de Jensen, 1969).

Parentesco	Correlación de los IQ
Padres no emparentados	— 0.01
Padres e hijos adoptivos	+ 0.20
Primos	+ 0.26
Tío/tía y sobrino/sobrina	+ 0.34
Padres e hijos	+ 0.50
Hermanos	+ 0.55
Gemelos fraternos	+ 0.56
Gemelos idénticos criados aparte	+ 0.75
Gemelos idénticos criados juntos	+ 0.87

A primera vista, los datos reportados en la Tabla 6.2 parecen proporcionar apoyo a la hipótesis de la determinación genética; mientras más cercana sea la relación genética, más elevado es el coeficiente de correlación. Si no fuera por el caso de los gemelos idénticos, los datos de la Tabla 6.2 pudieran también usarse para apoyar una interpretación en favor del medio ambiente; por ejemplo, es de esperarse que los hermanos compartan un ambiente más similar que los primos, de modo que las diferencias en la correspondencia entre los grados de IQ entre los pares de primos y los pares de hermanos podrían atribuirse tanto a una mayor similitud ambiental como a una mayor similitud genética. Sin embargo, los resultados para los gemelos idénticos parecen nulificar esta interpretación. El mayor grado de asociación se encuentra en los gemelos idénticos criados juntos. Además, los IQ para gemelos idénticos criados en hogares diferentes guardan una asociación más estrecha que los gemelos fraternos criados en el mismo hogar. Este punto es crucial para el argumento de la determinación genética. Los gemelos idénticos tienen la misma constitución genética, de modo que las diferencias de inteligencia entre ellos pueden atribuirse a influencias ambientales. Sin embargo, los gemelos idénticos criados aparte muestran una mayor correspondencia en IQ que los gemelos fraternos criados juntos, a pesar de que estos últimos, aunque no son más similares genéticamente que otros pares de hermanos, están sometidos a ambientes similares. Por lo tanto, con este material, el argumento de la determinación genética es bastante fuerte. Es sobre esta base que Jensen (1969) ha llegado a la conclusión de que la inteligencia es principalmente una característica hereditaria. Utilizando los valores de correlación encontrados en los estudios de gemelos idénticos, Jensen argumenta que la herencia de la inteligencia (o sea, el grado hasta el cual las diferencias entre los individuos son atribuibles a factores genéticos) es del 80%, con sólo el 20% de variación individual debida a los factores ambientales y de la experiencia.

Hay, sin embargo, varios puntos que deben ser tomados en consideración al evaluar la interpretación de Jensen. En primer lugar, puede argumentarse que los gemelos idénticos comparten, en realidad, un ambiente más similar que los gemelos fraternos. Es más factible que los gemelos idénticos sean vestidos igual, que tengan los mismos amigos (cada uno de ellos tiene un compañero similar en el otro) y con mayor frecuencia son confundidos entre sí que los gemelos fraternos. Por lo tanto, las influencias ambientales pueden muy bien constituir una importante contribución a la mayor asociación en la inteligencia presentada por los gemelos idénticos.

En segundo lugar, ya hemos señalado que los coeficientes de correlación nos hablan sólo acerca del estado relativo, pero no sobre los niveles absolutos de la inteligencia. Se presentan marcadas diferencias en las fuentes de IQ en gemelos idénticos, particularmente en el caso de gemelos criados aparte (Gottesman, 1968). Además, estas diferencias se asocian con factores ambientales. Por ejemplo, Anastasi (1958) informó de una correlación de 0.79 entre la magnitud de la discrepancia en las puntuaciones IQ y las oportunidades educacionales disponibles para los gemelos idénticos separados.

En tercer lugar, resulta engañoso sugerir, como lo hace Jensen, que la proporción de variabilidad en la inteligencia debido a factores genéticos o a influencias ambientales continúa constante a través de todas las poblaciones y bajo cualquier condición ambiental. Por ejemplo, Scarr-Salapatek (1971) ha demostrado que los gemelos de hogares de menor estadío socioeconómico muestran menores correlaciones en las puntuaciones de la prueba que los gemelos de hogares de clase superior. Así, la herencia calculada de la inteligencia difiere entre estas dos poblaciones, siendo menor en la primera. Además, Schwartz y Schwartz (1974) han demostrado que la proporción de la variación de la inteligencia atribuible a la herencia ha sido muy sobrestimada por Jensen.

Estudios de adopción. Sobre terrenos experimentales, es de esperarse que la atmósfera cultural e intelectual del hogar en el cual es criado un niño pequeño tenga una influencia determinante sobre el desarrollo de su inteligencia. Los estudios con niños adoptados proporcionan mayor oportunidad para valorar las contribuciones relativas del ambiente inmediato del niño, reflejado esta vez en el IQ de los padres adoptivos, y su herencia genética, indicada por el IQ de los padres naturales. En terrenos correlacionados, el argumento de la determinación genética parece también ganar ventaja en este terreno; como se indica en la Tabla 6.2, la correlación entre las puntuaciones IQ de niños adoptados y padres adoptivos es del orden de 0.20, mientras que entre los niños y sus padres naturales es mucho más elevada, de 0.50. Se han obtenido resultados similares cuando se ha comparado los niños adoptados con grupos control de niños criados en un hogar (Burks, 1928; Leahy, 1935) o cuando se dispone de datos sobre los padres naturales de los niños adoptados (Honzik, 1957; Skodak y Skeels, 1949).

Sin embargo, también en este caso se debe tener precaución al interpretar tales datos correlacionados. Aunque es cierto que el IQ de los niños adoptados se correlaciona más con el de los padres naturales que con el de los adoptivos, también es cierto que, en términos de **nivel absoluto** de inteligencia, los niños adoptados se desplazan hacia el nivel presentado por los padres adoptivos y, en promedio, obtienen puntuaciones de IQ que están **significativamente por arriba** de los obtenidos por sus padres naturales (Honzik, 1957; Skodak y Skeels, 1949). Asimismo, puede haber factores operando que sirven para disminuir la correlación entre las puntuaciones de inteligencia de los niños y las de sus padres adoptivos. En sus procedimientos de selección, las sociedades de adopción consideran los niveles profesional, cultural, socioeconómico y de inteligencia general de los futuros padres adoptivos. Es probable que haya una tendencia general a seleccionar parejas que tengan inteligencia superior a lo normal. Por lo tanto, habrá una menor propagación de los niveles de inteligencia entre los padres adoptivos en comparación con los padres naturales y esto tendrá el efecto de reducir la correlación entre las puntuaciones de los padres adoptivos y sus hijos adoptados. Esto resulta, debido a que en condiciones de baja variabilidad hay poca diferenciación entre un individuo y otro con respecto a la posición relativa; muchos individuos pueden compartir el mismo rango y se obtienen bajos valores de correlación. Por lo tanto, la baja asociación entre las puntuaciones IQ de los padres e hijos adoptivos puede ser parcialmente atribuible a la influencia de los factores de selección; por supuesto, cualquier influencia de este tipo serviría para encubrir el impacto de los factores ambientales sobre el desarrollo de la inteligencia en niños adoptados.

Continuidad en el desarrollo de la inteligencia. Con base en el punto de vista de la determinación genética de la inteligencia se deduce que debe haber una elevada correlación entre las puntuaciones de las pruebas de inteligencia obtenidas por el mismo individuo en diferentes puntos de su desarrollo.

La evidencia obtenida con esta prueba durante la infancia no logra apoyar esta suposición. Por ejemplo, Anderson (1939) encontró correlaciones cercanas a cero entre las puntuaciones en escalas infantiles a los tres, seis, nueve y doce meses y en la prueba IQ de Stanford-Binet a los cinco años; para las pruebas aplicadas a los dieciocho y los veinticuatro meses, las correlaciones con el IQ a los cinco años fue de 0.23 y 0.45, respectivamente, valores que son relativamente inútiles para propósitos de predicción. Aun cuando las puntuaciones de prueba obtenidas por el mismo sujeto dentro de los dos primeros años de vida son comparados entre sí, los valores de correlación resultantes son bajos de manera uniforme (por ejemplo, Lewis y McGurk, 1972). Así, el bebé con desarrollo precoz a los seis meses puede no resultar precoz cuando se vuelve a someter a prueba, digamos, a los veinticuatro meses. Las puntuaciones muy bajas en las escalas de desarrollo infantil pueden augurar una deficiencia posterior (Escalona, 1954; Illingworth, 1961). Sin embargo, dentro de los límites normales y superiores, las puntuaciones obtenidas en una etapa de la infancia no permiten predecir las puntuaciones que se obtendrán más adelante y tienen poca relación con la inteligencia expresada durante etapas subsecuentes de desarrollo. Con base en la investigación con pruebas infantiles hay poca evidencia en apoyo de que la inteligencia sea un potencial fijo y constante que se despliega sistemáticamete durante el desarrollo de acuerdo con el plan genético. Bayley, una autoridad en el desarrollo mental infantil, ha resumido así la evidencia:

> Se ha logrado establecer perfectamente que las puntuaciones logradas en los primeros uno o dos años tienen relativamente poca validez de predicción (en contraste con las pruebas en la edad escolar o después) aunque pueden tener gran validez como medida de las habilidades cognoscitivas de los niños en ese momento. (Bayley, 1970: 1174.)

La evidencia sobre la cuestión de la continuidad en el desarrollo de la inteligencia más allá del periodo de la infancia está proporcionada en los datos de varios estudios de control a largo plazo en los cuales se han sometido repetidamente a prueba los mismos individuos. En la Tabla 6.3 se presentan los resultados obtenidos en uno de estos estudios en la Universidad de California.

Tabla 6.3. Continuidad a largo plazo de las puntuaciones de pruebas de inteligencia. (Resumido de Honzik, MacFarlane y Allen, 1948.)

Edad al hacer la prueba	Correlación con el IQ a los 6 años	Correlación con el IQ a los 10 años	Correlación con el IQ a los 18 años
2	0.47	0.37	0.31
3	0.57	0.36	0.35
4	0.62	0.66	0.42
5	0.71	0.75	0.56
6	—	0.71	0.61
7	0.82	0.77	0.71
8	0.77	0.88	0.70
10	0.71	—	0.70
12	0.74	0.87	0.76
14	0.67	0.85	0.73

Si observamos la Tabla 6.3, resulta evidente que el valor de la correlación entre las puntuaciones de las pruebas de inteligencia obtenidas a diferentes edades depende primero de la edad inicial del niño y, segundo, de la duración del intervalo entre las pruebas. Manteniendo el intervalo constante, vemos que la correlación entre el IQ a los dos años y a los seis años es de 0.47; entre los seis y los diez años es de 0.71 y entre los diez y los catorce años el valor correspondiente es de 0.85. Por lo tanto, la continuidad es menor en las edades pequeñas que entre las edades mayores. Si la edad inicial es constante, resulta claro por la Tabla 6.3 que mientras mayor sea el intervalo entre las pruebas, menor será el grado de continuidad en la evidencia. Entonces, lo que estos datos indican es que la estabilidad de la inteligencia aumenta al aumentar la edad, pero que no es sino hasta la edad escolar y aun después, que las puntuaciones a una edad se vuelven sustancialmente de predicción de las puntuaciones a edades posteriores. Esto, con dificultad puede tomarse como evidencia convincente de que la inteligencia está determinada de manera principal genéticamente.

En realidad, hay gran evidencia, a partir de estudios longitudinales sobre el desarrollo de la inteligencia, en el sentido de que la variación, en vez de la estabilidad, puede ser el proceso normal de desarrollo con respecto a los individuos. Se obtienen curvas uniformes cuando se traza el desarrollo mental por grupos. No obstante, tales datos agrupados encubren considerable variación en las puntuaciones obtenidas a diferentes edades por los mismos individuos. Por ejemplo, Honzik, MacFarlane y Allen (1948) encontraron que casi el 60% de los sujetos en su muestra presentaban cambios de más de 15 puntos IQ entre los seis y los dieciocho años de edad y aproximadamente una tercera parte mostró cambios de más de 20 puntos. Sólo una pequeña minoría obtuvo puntuaciones que variaban en menos de 9 puntos. De entre quienes variaron, algunos mejoraron en forma consistente, otros disminuyeron también de manera constante, mientras que otros fluctuaron. Además, tales fluctuaciones y variaciones se asociaban con factores de la salud, emocionales y ambientales en la vida de esas personas. Sontag, Baker y Nelson (1958) encontraron también que la mayoría de los niños en un estudio prolongado presentaban considerable variación en las puntuaciones IQ obtenidas en edades sucesivas.

El papel de la experiencia temprana. El punto de vista de que la inteligencia tiene un gran componente genético lleva la implicación de que el nivel de inteligencia obtenido por el individuo estará relativamente no influido por la adversidad ambiental o de las experiencias; se sostiene que estas últimas sólo tienen una influencia modificadora, pero no determinante sobre el desarrollo de la inteligencia. Existen ahora diversos estudios que arrojan serias dudas sobre la validez de este argumento. Quizá el mejor conocido de ellos es una investigación reportada por Skeels (1966).

Skeels trabajó con un grupo de veinticinco niños que habían sido criados hasta los dos años de edad en un orfanato donde recibieron un mínimo de interacción social y estimulación física. Como experimento, trece de los niños, cuyo IQ promedio de 64.3 los colocaba en la categoría de retardados, fueron trasladados a una institución para retardados mentales donde fueron atendidos en forma individual por niñas subnormales de mayor edad. Estas "madres sustitutas" llevaban a los niños de paseo, jugaban con ellos, les daban afecto y al mismo tiempo les proporcionaban exepriencias mucho más estimulantes y enriquecidas que las disponibles en el orfanato. Mientras tanto, los doce niños restantes, cuyo IQ promedio al comenzar el estudio era de 86.7, permanecieron como grupo de control en el ambiente no estimulante del orfanato hasta su adopción. Después de dos años en la institución, los niños en el grupo experimental fueron retornados al asilo de huérfanos o adoptados. En este punto los dos grupos, que habían sido igualados en cuanto a edad e historia médica, fueron comparados entre sí con respecto a la inteligencia. El IQ promedio para el grupo experimental fue ahora de 92.8, una ganancia durante el periodo de dos años de 28.5 puntos (la mejoría individual varió entre 7 y 58 puntos). En contraste, el IQ promedio para el grupo control había bajado 26.2 puntos hasta 60.5 (las pérdidas individuales variaron entre 9 y 45 puntos). Por lo tanto, la posición relativa de los grupos experimental y de control resultó totalmente opuesta.

Si esta hubiera sido toda la evidencia disponible del estudio de Skeels, entonces los resultados podrían ser atribuidos a la conocida estabilidad de las puntuaciones de IQ durante la primera infancia, en vez de a los efectos de la experiencia enriquecedora proporcionada al grupo experimental y a la relativa privación experimentada por el grupo control (aunque sería difícil, en estos términos, explicar la clara **dirección** de los cambios en los dos grupos). Sin embargo, se dispone de evidencia adicional. Los sujetos en este estudio fueron seguidos durante toda la niñez hasta la edad adulta, y las diferencias entre ambos grupos se ha conservado. A los siete años de edad, por ejemplo, el grupo experimental mostraba una ganancia promedio de 36 puntos de IQ, el grupo control una pérdida promedio de 21 puntos. Los sujetos del grupo experimental completaron más años de educación formal que los del grupo control. Como adultos, unos veinte años después del principio del estudio, todos los sujetos del grupo experimental estaban empleados ventajosamente y se mantenían a sí mismos, mientras que esto acontecía sólo con una minoría de los sujetos de control; de estos últimos, cuatro eran alienados internados a largo plazo.

Por lo tanto, el estudio de Skeels demuestra profundamente el efecto perdurable de la experiencia temprana sobre el desarrollo mental subsecuente.

Programas compensadores y de enriquecimiento. Desde hace tiempo se sabe que hay una asociación entre la clase social y el nivel de funcionamiento intelectual. Por ejemplo, los hijos de trabajadores no especializados obtienen, en promedio, 20 puntos de IQ por debajo del nivel logrado por hijos de profesionales. En los Estados Unidos, donde la raza y la pobreza se encuentran estrechamente asociadas, los niños negros tienen unos 15 puntos menos que el promedio de IQ para los niños blancos. Son muchos los factores que contribuyen a esta diferencia, incluyendo las carencias culturales, sociales y educacionales asociadas con la pobreza. Durante la última década, se han hecho deliberados intentos, tanto en Inglaterra como en los Estados Unidos, para aumentar el nivel de funcionamieneto cognoscitivo de los hijos nacidos en ambientes socialmente débiles, proporcionándoles experiencias educacionales compensadoras.

Quizá el más ambicioso de estos planes fue el Head Start Project, iniciado en los Estados Unidos en 1965. Según este programa, se sometió a niños preescolares que provenían de ambientes económicamente débiles a un año o a una temporada de verano de educación en una guardería antes de entrar al sistema escolar regular. El propósito fue, literalmente, dar a estos niños un estímulo educacional. Se valoró la eficacia del programa en diversos estudios de control después de que los niños entraron en la escuela. Los principales criterios empleados en la evaluación fueron las ganancias en el IQ y la mejoría en el rendimiento académico. Los resultados fueron desalentadores. Cualquier ganancia en la puntuación del IQ tendía a ser breve y las diferencias en los logros académicos entre los niños del Head Start y niños de extracción comparable que no participaron en el programa resultaron mínimas. Sobre la base de la evidencia de este tipo, Jensen (1969) llegó a la conclusión de que la educación compensadora había sido un fracaso y lo hizo argumentar que las diferencias en inteligencia respecto a raza y clase social eran determinadas genéticamente e inmutables.

Ya hemos señalado diversos puntos débiles en la posición de la determinación genética, los cuales se aplican igualmente al argumento sobre las diferencias de grupo y al relacionado con las diferencias individuales. Los factores ambientales como la deficiencia nutricional y la exposición a las enfermedades deben tomarse en cuenta antes de llegar a la conclusión de que las diferencias de clase o raciales en la inteligencia están determinadas genéticamente. A partir de la concepción, los niños de las clases pobres (y en Estados Unidos, el ser negro es, por lo general, ser pobre) sufren más de mala nutrición y experimentan mayores riesgos contra su salud que los niños acomodados y, como ya hemos visto, estos factores pueden tener un profundo impacto sobre el desarrollo de la inteligencia. Sin embargo, la realidad es que los programas del tipo Head Start tienen poco éxito, y surge de inmediato la pregunta, "¿ por qué?"

Al intentar responder esta cuestión, Hunt (1969; 1972) sugirió que la principal razón para los escasos resultados del plan Head Start fue lo inadecuado del programa a las necesidades de los niños a los que se intentaba ayudar. Opina que en los Estados Unidos de 1960, las guarderías infantiles proporcionaban un servicio de educación infantil a las familias de la clase media. Por lo tanto, las actividades de dichas instituciones se habían desarrollado alrededor de las necesidades de los niños de la clase acomodada que ya habían logrado considerable facilidad en habilidades verbales y numéricas y que ya se encontraban bien adaptados a una cultura orientada educacionalmente. El programa Head Start fue modelado sobre las tradicionales guarderías y dentro de este ambiente sin modificación se introdujeron niños de ambientes socioeconómicamente pobres. Careciendo de las indispensables habilidades previas, no pudieron sacar ninguna ventaja de la experiencia. En otras palabras, resulta que desde el principio, el éxito del programa Head Start se basó en la supuesta adquisición previa de las mismas habilidades, actitudes y valores que se proponía propiciar. Es en este sentido que Hunt se pregunta si, con Head Start, la educación compensadora se ha ensayado siquiera, se le ha dejado actuar sola o si se le ha ensayado y encontrado útil.

En años recientes han aparecido diversos reportes indicando que, cuando la intervención compensadora se dirige hacia las necesidades específicas de los niños pobres, en particular cuando las familias de los niños también participan en el experimento, resulta positiva y, en algunos casos, pueden observarse dramáticos logros. Klaus y Gray (1968) trabajaron con un grupo de niños preescolares negros, de clase desposeída, en Tennessee. Los niños acudían a varias sesiones de verano en una guardería donde se les sometía a procedimientos encaminados a aumentar la motivación para los logros y a facilitar el desarrollo del lenguaje, la discriminación perceptual y las habilidades clasificadoras. Se mantuvo un contacto regular con las familias de los niños durante el programa. Además, se adiestró a las madres para que fueran más sensibles a los factores motivacionales en el aprendizaje de los niños y a estimular y recompensar los logros de sus hijos.

Al final del programa, los niños participantes mostraron marcada ventaja en inteligencia y logros en comparación con los niños no participantes de dos diferentes grupos de control. Varios años después los niños adiestrados, ahora en la escuela, seguían mostrando ventajas sobre los sujetos de los grupos de control. Es de interés hacer notar que, en comparación con los individuos de control, los hermanos menores de quienes participaron en el programa también resultaron beneficiados (Gray y Klaus, 1970). Por lo tanto, la participación de la familia en el procedimiento aumentó y amplió su impacto.

Karnes, Teska , Hodgins y Badger (1970) trabajaron con las madres de un grupo de niños de clase pobre entre uno y tres años de edad. En este caso se hizo énfasis sobre el adiestramiento de las madres para que jugaran interactivamente con sus hijos. Se proporcionaron juguetes para el hogar, los cuales facilitarían la interacción verbal entre la madre y el hijo. Además, madres e investigadores tuvieron con regularidad reuniones semanales, durante un periodo de dos años, en las cuales se discutían y resolvían problemas relacionados con los procedimientos, y en las que se demostraban actividades centradas en el niño. Al final del periodo de dos años los niños incluidos en el estudio habían logrado importantes aumentos en el IQ, en comparación tanto con un grupo control de niños cuyas madres no habían recibido el adiestramiento como con los hijos mayores en su propia familia, de los cuales se conocían puntuaciones de prueba a una edad comparable.

También se han reportado programas de enriquecimiento que tuvieron éxito sin la participación directa de las madres. Incluyen los estudios de Bereiter y Engelmann (1966) y de Blank y Solomon (1968). Ambos utilizaron niños de guarderías y en cada caso se hizo especial hincapié en el desarrollo del lenguaje. El desarorllo inadecuado del lenguaje se ha identificado en repetidas ocasiones como un importante factor contribuyente de los escasos logros académicos en los niños de extracción humilde. En ambos estudios se observaron importantes aumentos en el IQ entre los niños que completaron el programa y hay pruebas de que estos incrementos se reflejaron en el mejor rendimiento escolar en el estudio de Bereiter-Engelmann (Bereiter, 1972).

Hay, por lo tanto, muchas pruebas contra el planteamiento de que las puntuaciones IQ no pueden mejorarse mediante la temprana exposición de los niños a experiencias enriquecedoras específicas. Los datos de los estudios señalados indican que los programas de intervención planeados con cuidado y bien supervisados pueden mejorar las puntuaciones IQ y, lo que es más importante, pueden propiciar una mejoría relativamente perdurable en los logros escolares, en particular, cuando se obtiene la cooperación de los padres en el programa. Por lo tanto, sobre esta base puede afirmarse que el concepto de la inteligencia fijada genéticamente y para siempre inmutable resulta una falacia.

Sin embargo, resulta adecuado introducir aquí una nota de advertencia. Varios programas de enriquecimiento infantil han sido valorados negativamente, porque no han logrado producir aumentos de importancia en las puntuaciones de las escalas de inteligencia infantil. De cualquier manera, este autor ha sostenido que, debido a la conocida inestabilidad de las puntuaciones de prueba durante los primeros años, tales escalas pueden ser un mal instrumento para valorar los programas de enriquecimiento infantil (Lewis y McGurk, 1972; 1973). Además, tales programas con frecuencia producen otro tipo de logros. Así, Blank y Solomon (1968) hablan de una reducción en la incidencia de perturbaciones emocionales y mayor placer en el aprendizaje entre los niños que participaron en el estudio. Hunt (1972) señala que las madres que participaron en el programa de enriquecimiento lograron una reubicación en su vida, mejoraron su posición en el trabajo y se transformaron en líderes dentro de sus comunidades. Nuestra sociedad tiene otros valores además de mejorar puntuaciones de IQ, y estos otros logros en la calidad de la vida como consecuencia de los procedimientos de intervención son dignos de esfuerzo por derecho propio.

La posición interaccionista

El propósito de este capítulo no ha sido demostrar que no hay un componente genético de la inteligencia. Todo lo contrario. Como ya hemos señalado en repetidas ocasiones, los genes necesitan un ambiente en el cual expresarse y el organismo requiere una estructura a fin de poder actuar; esta estructura tiene bases hereditarias. Claramente, las influencias genéticas y ambientales interactúan en el desarrollo de la inteligencia y en otros procesos del desarrollo. Lo que está a discusión es si tiene algún sentido intentar valorar la importancia relativa de la herencia y el ambiente o pretender cuantificar la proporción de variación individual atribuible a cada tipo de influencia, como si fueran totalmente separadas y distintas. El punto de vista de muchos psicólogos del desarrollo es que esto tiene poco sentido. Averiguar la importancia relativa de la herencia y el ambiente en la determinación de la inteligencia es análogo a preguntar si el hidrógeno o el oxígeno es más importante en la constitución del agua. ¿Opinamos que el hidrógeno porque se encuentra en doble cantidad o el oxígeno porque es tan potente que basta con la mitad? (Spiker, 1966.)

Una de las razones por las cuales la conducta humana es tan adaptable y flexible es la enorme capacidad del sistema nervioso para almacenar información. Parte de esta información se codifica genéticamente y es proporcionada al sistema en el curso del desarrollo. Otra información se agrega en el curso del aprendizaje y la experiencia. Sin embargo, incluso a nivel de la célula aislada, estas dos fuentes de información interactúan y se mezclan entre sí. La estimulación electroquímica es el principal medio de comunicación dentro del sistema nervioso. Hay evidencia en el sentido de que la memoria de lo aprendido se codifica y almacena sobre la base de los complejos cambios químicos, en particular, en la síntesis de proteína, que ocurren dentro del citoplasma celular a consecuencia de la repetida estimulación. Se ha sugerido que algunos de estos cambios químicos actúan como **liberadores o inhibidores de la actividad de ciertos genes.** Esto, a su vez, conduce a la modificación de la síntesis del ARN dentro del núcleo celular y, por intermedio de la actividad del ARN mensajero, a posteriores cambios en el citoplasma celular. Como consecuencia de esto último, hay una disminución de la sensibilidad celular al patrón de estimulación que provoca la reacción química original (John, 1967). Incluso esta explicación superficial es suficiente para indicar que hay un proceso dinámico e interactivo en operación. ¿Cuál es la función determinante y cuál la reguladora en este contexto, la de los genes o la del ambiente?

El concepto de inteligencia ha sido evasivo en extremo y no es de sorprender que en vez de tratar con él en términos cualitativos, muchos psicólogos hayan preferido un enfoque operacional aplicativo, definiendo la inteligencia como aquello que se mide con las pruebas de inteligencia. No hay una objeción fundamental para cuantificar la inteligencia en esta forma y, en realidad, se han obtenido muchas ventajas prácticas con el uso de las pruebas de IQ. Sin embargo, ya sea que se considere a la inteligencia en forma cualitativa o cuantitativa, es evidente que su desarrollo no está fijado genéticamente. Como hemos visto, la calidad del ambiente y la naturaleza de la interacción de los organismos con él son factores determinantes de importancia en el desarrollo de la inteligencia.

Referencias e Indice
de Autores

El número en negritas situado al final de cada referencia
indica un número de página dentro de este libro.

Anastasi, A. (1958) Differential Psychology. (3a. Ed.). New York: Macmillan. **116**

Ainsworth, M. D. S. and Wittig, B. A. (1969) Attachment and exploratory behaviour of one-year-olds in a strange situation. En B. M. Foss (Ed.) **Determinants of Infant Behaviour 4.** London: Methuen. **87**

Anderson, L. D. (1939) The predictive value of infant tests in relation to intelligence at five years. Child Development 10: 202-212. **118**

Baer, D. M. and Sherman, J. A. (1964) Reinforcement control of generalized imitation in young children. **Journal of Experimental Child Psychology** 1: 37-49. **54**

Baer, D. M. and Wright, J. C. (1974) Developmental psychology. **Annual Review of Psychology** 25: 1-84. **56**

Baldwin, A. L. (1967) **Theories of Child Development.** New York: Wiley. **57, 59**

Bandura, A. (1965) Vicarious processes: A case of no-trial learning. En L. Berkowitz (Ed.) **Advances in Experimental Social Psychology 2.** New York: Academic Press. **52**

Bandura, A. (1968) Social learning theory of identificatory processes. En D. A. Goslin y D. C. Glass (Eds) **Handbook of Socialization Theory and Research.** Chicago: Rand McNally. **52**

Bandura, A. and Walters, R. H. (1963) **Social Learning and Personality Development.** New York: Holt, Rinehart and Winston. **52**

Barker, R. G. y Wright, H. F. (1951) **One Boy's Day.** New York: Harper. **83**

Barker, R. G., Dembo, T. y Lewin, K. (1943) Frustration and regression. En R. G. Barker, J. S. Kounin, y H. F. Wright (Eds) **Child Behaviour and Development.** New York: McGraw-Hill. **87**

Bayley, N. (1970) The development of mental abilities. En P. H. Mussen (Ed.) **Carmichael's Manual of Child Psychology.** New York: Wiley. **111, 119**

Bell, S. M. y Ainsworth, M. D. S. (1972) Infant crying and maternal responsiveness. **Child Development** 43: 1171-1190. **67, 73, 83**

Bereiter, C. (1972) An academic preschool for disadvantaged children: Conclusions from evaluation studies. En J. C. Stanley (Ed.) **Preschool**

Programs for the Disadvantaged. Baltimore: Johns Hopkins University Press. 125

Bereiter, C. y Engelmann, S. (1966) **Teaching Disadvantaged Children in the Preschool.** Englewood Cliffs: Prentice-Hall. **125**

Bernstein, B. B. (1960) Language and social class. **British Journal of Psychology** 11: 271-276. 71

Bijou, S. W. (1968) Studies in the experimental development of left-right concepts in retarded children using fading techniques. En N. R. Ellis (Ed.) **International Review of Research in Mental Retardation 3.** New York: Academic Press. 50

Bijou, S. W. y Baer, D. M. (1960) The laboratory-experimental study of child behaviour. En P. H. Mussen (Ed.) **Handbook of Research Methods in Child Development.** New York: Wiley. 92

Birch, H. G. y Gussow, J. D. (1970) **Disadvantaged Children: Health, Nutrition and School Failure.** New York: Harcourt, Brace. 105

Blank, M. y Solomon, F. (1968) A tutorial language program to develop abstract thinking in socially disadvantaged preschool children. **Child Development** 39: 379-389. **125, 126**

Brackbill, Y. y Fitzgerald, H. E. (1969) Development of the sensory analysers during infancy. En L. P. Lipsitt y H. W. Reese (Eds) **Advances in Child Development and Behaviour 4.** New York: Academic Press. 58

Bronfenbrenner, U. (1974) Developmental research, public policy and the ecology of childhood. **Child Development** 45: 1-5. 85

Brown, R. y Bellugi, U. (1964) Three processes in the child's acquisition of syntax. **Harvard Educational Review** 34: 133-151. 56

Bryant, P. (1974) **Perception and Understanding in Young Children.** London: Methuen. **21, 26**

Burks, B. S. (1928) The relative influence of nature and nurture upon mental development. **Twenty-seventh Yearbook of the National Society for the Study of Education** (Pte. 1). Chicago: Univ. of Chicago Pres. 117

Burt, C., Jones, E., Miller, E., y Moodie, W. (1934) **How the Mind Works.** New York: Appleton-Century-Crofts. 114

Darwin, C. (1877) A biogr. sketch of an infant. **Mind** 2: 285-294. **15, 16, 17**

Dennis, W. y Dennis, M. G. (1935) The effect of restricted practice upon the reaching, sitting, and standing of two infants. **Journal of Genetic Psychology** 47: 17-32. 16

Di Leo, J. H. (1970) **Young Children and their Drawings.** New York: Bruner/Mazel. **11, 56**

Escalona, S. K. (1954) The use of infant tests for predictive purposes. En W. E. Martin y C. B. Stendler (Eds), **Readings in Child Development.** New York: Harcourt, Brace. **118-119**

Fitzgerald, H. E. y Porges, S. W. (1971) A decade of infant conditioning and learning research. **Merrill-Palmer Quarterly of Behaviour and Development** 17: 71-117. 44

Gesell, A. y Amatruda, C. (1941) **Developmental Diagnosis.** New York: Hoeber. 18

Goodenough, F. L. (1931) **Anger in Young Children.** Minneapolis: University of Minnesota Press. 83

Gottesman, I. I. (1968) Biogenetics of race and class. En M. Deutsch, I. Katz, y A. R. Jensen (Eds) **Social Class, Race and Psychological Development.** New York: Holt, Rinehart and Winston. 116

Gray, S. W. y Klaus, R. A. (1970) The early training project: A seventh-year report. **Child Development** 41: 909-924. 124

Heathers, G. (1955) Emotional dependence and independence in nursery school play. **Journal of Genetic Psychology** 87: 37-57. 84

Honzik, M. P. (1957) Developmental studies of parent-child resemblance in intelligence. **Child Development** 28: 215-228. 117

Honzik, M. P., MacFarlane, J. W., y Allen, L. (1948) The stability of mental test performance between two and eighteen years. **Journal of Experimental Education** 17: 309-324. **119, 120**

Hunt, J. McV. (1961) **Intelligence and Experience.** New York: Ronald Press. 37

Hunt, J. McV. (1969) Has compensatory education failed? Has it been attempted? **Harvard Educational Review** 39: 278-300. 123

Hunt, J. McV. (1972) Early childhood education and social class. The **Canadian Psychoolgist** 13: 305-328.

Hutt, C. (1972) **Males and Females.** Harmondsworth: Penguin. 71

Illingworth, R. S. (1961) Predictive value of developmental tests in the first year. **Journal of Child Psychology and Psychiatry** 2: 210-215. 119

Jameson, K. (1968) **Preschool and Infant Art.** London: Studio Vista. 56

Jensen, A. R. (1969) How much can we boost IQ and scholastic achievement? **Harvard Educational Review** 39: 1-123. **115, 116, 117, 123**

John, E. R. (1967) **Mechanisms of Memory.** New York: Academic Press. 127

Karnes, M. B., Teska, J. A., Hodgins, A. A., y Badger, E. D. (1970) Educational intervention at home by mothers of disadvantaged children. **Child Development** 41: 925-935. 124

Kendler, T. S. (1965) Development of mediating responses in children. En P. H. Mussen, J. J. Conger y J. Kagan **Readings in Child Development and Personality.** (2a. Ed.). New York: Harper and Row. 26

Kessen, W. (1960) Research design in the study of developmental problems. En P. H. Mussen (Ed.) **Handbook of Research Methods in Child Development.** New York: Wiley. 77

Keunne, M. R. (1946) Experimental investigation of the relation of language to transposition behaviour in young children. **Journal of Experimental Psychology** 36: 471-490. 25

Klaus, R. A. y Gray, S. W. (1968) The early training project for disadvantaged children: A report after five years. **Monographs of the Society for Research in Child Development.** 44: 4. 124

Labouvie, E. W., Bartsch, T. W., Nesselroade, J. R., y Baltes, P. B. (1974) On the internal and external validity of simple longitudinal designs. **Child Development** 45: 282-290. 74

Laurendau, M. and Pinard, A. (1970) **The Development of the Concept of Space in the Child.** New York: International Universities Press. 36

Leahy, A. M. (1935) Nature-nurture and intelligence. **Genetic Psychology Monographs** 17: 235-308. 127

Lewis, M. y Johnson, N. (1971) What's thrown out with the bath water: A baby? **Child Development** 42: 1053-1055. 70

Lewis, M. y McGurk, H. (1972) Evaluation of infant intelligence. **Science** 178: 1174-1177. 93, 118, 126

Lewis, M. y McGurk, H. (1973) Infant intelligence. **Science** 182: 737. 93, 126

Locke, J. (1963) **Some Thoughts Concerning Education.** London: Churchill. (Según lo cita W. Kessen (1965) **The Child.** New York: Wiley.) 12, 13, 14,

McCluskey, D. (1940) **Bronson Alcott, Teacher.** New York: Macmillan. 15

McGurk, H. (1972) The salience of orientation in young children's perception of form. **Child Development** 43: 1047-1052. 89

McGurk, H. y Lewis, M. (1972) Birth order: A phenomenon in search of an explanation. **Developmental Psychology** 7: 336. 72

Millar, W. S. (1972) A study of operant conditioning under delayed reinforcement in early infancy. **Monographs of the Society for Research in Child Development** 37: 2. 90, 91

Millar, W. S. (1974) Conditioning and learning in early infancy. En B. M. Foss (Ed.) **New Perspectives in Child Development.** Harmondsworth: Penguin. 44, 51

Neale, J. M. y Liebert, R. M. (1969) Reinforcement therapy using aides and patients as behavioral technicians. **Perceptual and Motor Skills.** 28: 835-839. 50

Papousek, H. (1967) Experimental studies of appetitional behavior in human newborns and infants. En H. W. Stevenson, E. H. Hess, y H. L. Rheingold (Eds) **Early Behavior: Comparative and Developmental Approaches.** New York: Wiley. 43

Piaget, J. (1930) **The Child's Conception of Physical Causality.** London: Routledge and Kegan Paul. 19, 33, 39

Piaget, J. (1951) **Play, Dreams and Imitation in Childhood.** New York: Norton. 14, 39, 55

Piaget, J. (1952) **The Origins of Intelligence in Children.** New York: International Universities Press. 20, 34, 82, 109

Piaget, J. (1968) Developmental psychology: A theory. En D. Sills (Ed.) **International Encyclopedia of the Social Sciences.** N. Y. Macmillan. 32, 33

Plato (380 A.C.) **The Republic.** (Trad. H. D. Lee, 1965) Harmondsworth: Penguin. 10, 14, 22

Preyer, W. (1888) **The Mind of the Child.** New York: Appleton. 15.

Rousseau, J. J. (1762) **Emile, or On Education.** (Trad. B. Forley, 1911). London: Dent. 13, 14, 15

Sameroff, A. J. (1971) Can conditioned responses be established in the newborn infant? **Developmental Psychology** 5: 1-22. 44

Scarr-Salapatek, S. (1971) Unknowns in the IQ equation. **Science** 174: 1223-1228. 117

Schaffer, H. R. (1971) **The Growth of Sociability.** Harmandsworth: Penguin. 76

Schaffer, H. R. y Emerson, P. E. (1964) The developments of social attachments in infancy. **Monographs of the Society for Research in Child Development** 29: 3. 58, 76

Schwartz, M. y Schwartz, J. (1974) Evidence against a genetical component to performance on IQ tests. **Nature** 248: 84-85. 117

Seligman, M. E. P. (1971). On the generality of the laws of learning. **Psychological Review** 77: 406-418. 58

Shirley, M. M. (1933) **The first Two Years of Life** 2. Minneapolis: University of Minnesota Press. 18

Skeels, H. M. (1966) Adulto status of children with contrasting early life experiences. **Monographs of the Society for Research in Child Development** 31: 3. 121

Skinner, B. F. (1948) **Walden Two.** New York: Macmillan. 52

Skinner, B. F. (1971) **Beyond Freedom and Dignity.** Harmondsworth: Penguin. 50

Skodak, M. y Skeels, H. M. (1949). A final follow-up study of one hundred adopted children. **Journal of Genetic Psychology** 75: 85-125. 117

Smith, P. K. (1974) Ethological methods. En B. M. Foss (Ed.). **New Perspectives in Child Development.** Harmondsworth: Penguin. 22

Sontag, L. W., Baker, C. T. y Nelson, V. L. (1958). Mental growth and personality development: A longitudinal study. **Monographs of the Society for Research in Child Development** 23: 2. 120

Spiker, C. C. (1966). The concept of development: Relevant and irrelevant issues. **Monographs of the Society for Research in Child Development** 31: 5. 55, 126

Staats, A. W. (1968). **Learning, Language and Cognition.** New York: Holt, Rinehart and Winston. 44

Stevenson, H. W. (1968). Developmental psychology. En D. Sills (Ed.) **International Encyclopedia of the Social Sciences.** New York: Macmillan. 19

Stott, D. H. (1973). A follow-up study from birth of the effects of prenatal stress. **Developmental Medicine and Child Neurology** 15: 770-787. 106

Taine, H. (1877). A note on the acquisition of language in the human infant. **Mind** 2: 252-257. 15

Terman, L. M. (1925). **Genetic Studies of Genius.** Palo Alto: Stanford University Press. 93

Trevarthen, C. (1974). Conversations with a two-month-old. **New Scientists** 62: 230-236. 55

Vore, D. A. (1973). Prenatal nutrition and postnatal intellectual development. **Merrill-Palmer Quarterly of Behavior and Development** 19: 253-260. 105

Watson, J. B. y Raynor, R. (1920). Conditioned emotional reaction. **Journal of Experimental Psychology** 3: 1-4. 19, 41

Watson, J. D. (1968). **The Double Helix.** New York: The New American Library. 104

Winick, M. y Rosso, P. (1969). Head circumference and cellular growth in normal and marasmic children. **Journal of Pediatrics** 74: 774-778. 105

Wohlwill, J. F. (1973). **The Study of Behavioural Development.** London: Academic Press. 19

Wright, H. R. (1960). Observational child study. En P. H. Mussen (Ed.) **Handbook of Research Methods in Child Development.** New York: Wiley. 82, 83, 84

Indice alfabético

ESTA EDICION DE 1,000 EJEMPLARES
SE TERMINO EN NOVIEMBRE DE 1978,
EN LOS TALLERES DE LA COMPAÑIA
EDITORIAL CONTINENTAL, S. A., MEXICO